The
Emotionally Sensitive Person

高敏感情緒自救手冊

如何避免感情用事？怎樣掌控自己不被情緒淹沒？

Finding Peace When Your Emotions Overwhelm You

Karyn D. Hall

卡魯恩・霍爾——著 李恩寧——譯

目錄

致謝

我非常感謝支持並幫助我完成此項工作的人。全世界所有的高敏感者，包括我辦公室裡的，都勇敢且慷慨地分享了他們情緒敏感的生活。

瑪莎・萊恩漢（Marsha Linehan）博士作為辯證行為療法的創始人，她的著作對我有深遠的影響。同時，感謝在治療機構工作的莎莉・曼寧（Shari Manning）博士和海倫・貝斯特（Helen Best）博士，一直倡導鼓舞人心的完整成長。

我要誠摯地感謝蘇珊妮・羅賓遜、凱利・圭亞那斯、帕梅拉・瓊斯、約瑟夫・潘拓妮、瑞貝卡・斯雅圖、坎迪斯・摩爾、林賽・雷默、貝弗莉・邦翠格、麥根・沃森、和安吉拉・塔洛，他們給我提供了源源不斷的智慧。克雷格・鄧恩是專業知識高超的人，能讓一些駭人的想法付諸實踐。我毫不懷疑哪一天他有辦法弄一匹馬到我們辦公大樓的屋頂上。我還要感謝卡拉．夏普博士和阿里森．卡爾派克理學學士，他們在繁忙之餘創立了一個研究工作室。

如果沒有新先驅出版社裡有才華的專業人士們的鼎力相助，這本書也不會出版。我尤其要感謝阿麗莎．柯克、傑斯．畢比、胡利．加芬克爾和威爾．狄瑞爾像變魔術一般，將我缺少章法的筆記變成有意義的文本。這本書之所以有價值，全都是因為他們。

我要感謝我的朋友和家人，他們能容忍我花費大量時間寫作和改寫，尤其是邁克．邁森哈羅德和芭芭拉．邁森哈羅德。我也會永遠感謝克麗絲，她一直都在無條件地幫助我追求夢想。

前言

與大多數人相比，高敏感情緒者會更頻繁、更長時間地經歷強烈情感。假如你已經拿起這本書，就會發現你或你認識的某個人就有高敏感情緒的特點。

看完以下阿麗莎、哈樂德或妮可的例子後，你就能發現這些特點。

當阿麗莎發現丈夫羅傑在婚姻中反覆欺騙她時，她決定離婚。然而，除了害怕他會和自己過不去，她不敢要求他搬出房子，她擔心如果沒有前夫在身邊，自己不知會怎樣。因此，直到現在，兩年過去了，他們仍然生活在一起，而且還是她養他。甚至她向朋友解釋說：羅傑沒有地方可住，而且經濟上有困難。她痛恨自己因為怕事情變得更糟而無法做出決定（例如請他搬走）。她也意識到，這是缺乏自尊的表現。

哈樂德擔心自己會無意中傷害到他人，但又因為不懂得拒絕別人而整日糾結；他會放下自己日常的工作，然後去陪在電話那頭傷心的朋友，或和熟人聊上好幾個小時；為了避免心情不好，他甚至都不看新聞報導。

妮可認為自己是個脆弱的人，認為自己「不夠好」。她經常流淚、發火或傷心。別人告訴她，她是個「感情外露的人」，而且可以「一切都交給她」。這些評論雖然讓她覺得自己與眾不同，卻讓她感到自己被深深地誤解了。

這些聽上去是不是很熟悉？不過，這不是你閱讀此書的真正目的，請繼續讀下去。你可能也是一個高敏感者，你的情緒敏感方式可能不同於阿麗莎、哈樂德或妮可。事實上，高敏感情緒還有很多其他的表現方式。

你是高敏感情緒者嗎？

透過採訪、調查和多年的門診經驗，我發現高敏感情緒者在和他人互動時是會不斷變化。例如，他們可能會在大多數時候隱藏自己的氣憤和惱怒，但某個時間會突然像一頭身上的刺都豎起來的豪豬，公然惱羞成怒；你可能會與自己見到的每個人都成為朋友，而某些時候又會孤立自己。然而，大部分高敏感情緒的人會有些共同的性格特點。

下面的評估或許能幫你判斷自己是否是高敏感情緒者。請在每個問題的選項裡圈出最能呈現你感受的分數。

敏感情緒的自我評估

1. 認識我的人經常說我太敏感了。

非常不同意：1分　不同意：2分　同意：3分　非常同意：4分

2. 我經常擔心我會傷害別人的情感。

非常不同意：1分　不同意：2分　同意：3分　非常同意：4分

3. 如果有人問我想到哪裡吃飯，我要麼說「我不知道」，要麼選擇對方想去的餐廳，因為我想讓別人高興。

非常不同意：1分　不同意：2分　同意：3分　非常同意：4分

4.我很難做決定。

非常不同意：1分　不同意：2分　同意：3分　非常同意：4分

5.如果有不公平的事情發生，我會很難忘掉。

非常不同意：1分　不同意：2分　同意：3分　非常同意：4分

6.大自然讓我感到特別踏實和平靜。

非常不同意：1分　不同意：2分　同意：3分　非常同意：4分

7.當其他人不開心時，我也會不開心。

非常不同意：1分　不同意：2分　同意：3分　非常同意：4分

8.我儘量避免表現情緒或儘量隱藏自己的情緒。

非常不同意：1分　不同意：2分　同意：3分　非常同意：4分

9.為了適應和我在一起的人，我會改變自己。

非常不同意：1分　不同意：2分　同意：3分　非常同意：4分

10.如果某個朋友沒有回我電話或郵件，我就會假設他在生我的氣。

非常不同意：1分　不同意：2分　同意：3分　非常同意：4分

11. 對於壞消息，我比大多數人有更強烈的反應。

非常不同意：1分　不同意：2分　同意：3分　非常同意：4分

12. 當情緒來的時候，我難以進行思考，我的大腦就像停工了。

非常不同意：1分　不同意：2分　同意：3分　非常同意：4分

13. 我會避開專案或參加社團活動，因為我怕被別人批評。

非常不同意：1分　不同意：2分　同意：3分　非常同意：4分

14. 我經常取消和朋友的計畫，因為我不喜歡和他們在一起。

非常不同意：1分　不同意：2分　同意：3分　非常同意：4分

15. 我會過度購物、過度飲酒、過度工作、進食過量或睡眠過多。

非常不同意：1分　不同意：2分　同意：3分　非常同意：4分

16. 我經常不清楚我正在經歷什麼樣的情緒，或為什麼我會有這樣的感覺。

非常不同意：1分　不同意：2分　同意：3分　非常同意：4分

17. 我常認為其他人都是傻瓜，他們讓我的生活變得困難重重。

非常不同意：1分　不同意：2分　同意：3分　非常同意：4分

18.我真的不知道別人是怎麼看我的，或者為什麼他們想要和我在一起。
非常不同意：1分　不同意：2分　同意：3分　非常同意：4分

19.我害怕改變。
非常不同意：1分　不同意：2分　同意：3分　非常同意：4分

20.我恨我自己，也恨我如此情緒化。
非常不同意：1分　不同意：2分　同意：3分　非常同意：4分

分數

把每題的分數加在一起。

70～82分：嚴重的高敏感情緒

55～69分：高敏感情緒

45～54分：適度敏感

20～44分：正常情緒

敏感情緒的恩賜和詛咒

情緒高度敏感是天賦也是一種負累。你對他人的關心、欣喜若狂、強烈的情感連接以及對大自然的熱情，都會為你的生活增添目標感、意義和滿足。但是，如果你的情緒反覆將自己吞噬，你就不會把高敏感的情緒視為一種天賦了。

學會管理情緒不僅能減少你的痛苦，還可以幫助你享受情緒帶來的更多恩賜。管理情緒要能承認和接受自己的情緒，用健康的方式應對不舒適的情緒，並且學會選擇恰當的行為來管理情緒。例如，當你感到身體不適時，可能會糾結是否要找人來照顧活潑好動的小孩；可能會瘋狂購物直到錢包空空如也；可能會暴飲暴食；可能會對著心愛的人大聲吼叫。敏感情緒導致的這些行為，讓你的生活變得更加糟糕，而適當的情緒管理能讓你的人生向前一步，不被情緒拖累。

積極的情緒管理可以讓生活更美好，但是學校並沒有（據我所知）一種叫作「管理好情緒的一〇一種方法」的課程。大多數父母不會和他們的孩子談論（或示範怎麼處理）悲傷、傷心或生氣等情緒。即使父母知道如何管控自己的情緒，他們也不知道如何教自己的孩子管理情緒。如果你詢問人們，當他們被一個工作機會拒於門外時，或是當一個自己很愛的朋友不和自己說話時，他們會怎麼辦，你會聽到各式各樣的回答。有人會說，自己不會為此感到擔心，覺得沒什麼大不了；有人會說，他們很快就將此事拋到九霄雲外了。大部分的人很可能會告訴你，時間是解決一切問題的良藥，事實也是如此。但是如果你是高敏感情緒者，這些事情就不是馬路上的小小障礙物，你會覺得等待情緒過去的這段痛苦體驗讓人難以忍受。

你期望從這本書裡獲得什麼？

這本書會讓你了解高敏感情緒的性格特點、有效的情緒管理方式，並學會具體的執行策略。這樣在往後的生活中，就能做出更有效的選擇，重建和諧的人際關係，並能接納自己的情緒，進而做到三思而後行。

大多數的方法，只有當你實踐過一段時間後才會更有效，「實踐」是個關鍵詞。要克服固有的行為模式並不是件容易的事，但是人類的大腦比想像的要靈活得多。學習如何處理自己的強烈情緒，你就能改變自己的思考習慣，避免不自主地做出消極行為，例如暴飲暴食或將自己與世隔絕。

請慢慢閱讀這本書，完成每一章節裡的練習。當你讀到一些對你有幫助的技能或觀點時，請停下來，用幾週時間來實踐這些觀點。然後，當你能有條不紊地運用所學的技能後，再繼續往下讀。你為此付出的時間和努力都是值得的，你的日常生活將會變得更加輕鬆和愉悅，你也不會再被情緒所掌控。

第一章

你是高敏感情緒者嗎？

假如你是一個高敏感情緒者，你的情緒反應往往會比其他人來得更快、更強烈、持續更長時間，或許每一天都會在這種情緒的掙扎中度過。由於意識到自己無法預知情緒的反應方式，你開始懷疑自己。歷經反覆的情緒肆虐，生活中的苦惱和煩擾會越來越多。

在生活中，會遇到很多人不理解或不接受你這種強烈的情感表達方式，也許他們會覺得你反應過激、過度敏感、過分誇張，而你可能會悲觀地將自己視為異類，開始討厭自己，甚至憎惡自己以及自己經歷的一切痛苦。

不過同時，你可能會很珍視這種情緒敏感的能力，你認為「帶著一顆悲憫的心與人往來」是人生快樂的源泉。你想放下這種痛苦的情緒，保持與他人溝通及體驗快樂的能力。

要處理情緒的技能之一，就是要了解高敏感情緒者所具有的性格特徵。

高敏感情緒者的基本特徵

大部分高敏感情緒者具有雙面性，有些人在情緒的洪流中受益匪淺，而有些人則在負面情緒中不能自拔，鮮少注意到這些情緒背後的積極意義。

對大自然有深度敏銳的觀察力

高敏感情緒者的一顰一笑或一舉一動，都表達著各種情緒。他們覺得，熾烈的情感意味著生命的絢爛。即使在一些微不足道的事情上，像是看到風吹氣球的景象，他們都會為之觸動、為之動情。然而，太過敏感的情緒很容易讓人筋疲力盡。因此，要找到內在的寧靜尤為不易。

假如你是一個高敏感情緒者，大自然能讓你的情緒不再飄忽不定，能讓你有一種腳踩大地般的踏實感，能讓你的內心變得平靜。要想消解孤獨，讓自己的心有所歸屬，親近大自然不失為一個很好的選擇。賞聞花的香濃、聆聽濤聲的激昂、觀看落葉的飄零，或是依偎在心愛的寵物身旁，這些都能讓你在心力交瘁時迅速恢復元氣。事實上，高敏感情緒者可以從寵物身上獲得相當多的撫慰，而他們的寵物也因此能得到悉心的呵護。從另一個角度來看，熱愛大自然意味著當你看到有人褻瀆大自然時，悲傷就會油然而生；當看到有人在動物園裡嘲笑大猩猩時，你會為只能待在牢籠裡的動物感到難過。目睹動物受到傷害也會讓你義憤填膺，從而陷入更深的傷感中無法釋懷。

對他人的情感高度敏感

假如你是個高敏感情緒者，你會對他人的情緒保持高度的敏感。當有人心情不好時，你會有切身感受，或者心情更糟糕；當有人需要撫慰時，你非常清楚該和他們交流些什麼；當有人哭泣時，你會因牽掛他們而許久不忍離開。孩童時的你，會因為同學的行為不當而擔心老師的感受；會因為昂貴的學習用品而擔憂父母的經濟情況。你擅長讓自己成為討喜的人，擅長給朋友送上寓意深重的禮物。你是一位忠實的盟友，如果朋友生活受挫、孤立無援，你會一直陪伴在左右。總之，任何能貢獻一臂之力的地方，總有你的身影。

事實上，你能精準地捕捉他人的情緒，這表示你自己的情緒也會受到影響。你可能會對他人的言行舉止小題大做，經常懷疑和擔心他人對你的看法；你會怕傷害他人而過於關注他人的情緒，於是放棄自己的立場；你會試圖為身陷痛苦的人排憂解難，即使這不是你的義務，而且這樣做可能還會委屈自己；如果你手邊正在進行的私事或公事打擾到相關人員，你會出現強烈的生理反應，例如胃部不適或感到噁心。

過度包容或過度偏執

情緒化的人不僅容易得到他人的關心，也容易受到他人的傷害，這往往導致他們的人際關係起伏不定。如果你是情緒敏感的人，那麼在生活中你會有「幫助他人」的強烈動力和需求，這是出於你的本能反應。要判斷自己的行為是過度包容還是過度忽視，對你來說實屬不易。你會替行為惡劣的人尋找藉口，你會被人視為消極的人，甚至你不相信自己值得別人更好地對待，可能會認為和一個不厚道的人待在一起，總比一個人孤零零的好。

你會輕易地被無足輕重的煩惱困擾，為了一些小事總是反覆思考要和誰斷絕關係，而這些困擾在別人眼裡根本不算什麼。你會對很多人疑神疑鬼，甚至包括身邊最親近的人。大多時候你會憤憤不平，因為你覺得認識的人都喜歡挑剌、做事不公。

作為一個高敏感情緒的人，有時候你會感到身心俱疲，想逃避所有人。獨自承受心碎和煩惱的苦楚，讓你飽受精神焦慮和身心疲憊之苦。這讓你更不想和人互動，或只想一個人靜一靜。

對他人的愛與仇

作為一個高敏感情緒者，儘管強烈的喜悅、幸福、愛和激動的感情讓你心懷感激，對自己擁有「與他人交往和給予他人關心」的能力感到欣慰，但是令人不悅的情緒依然會折磨著你。在任何情境下，你無法預測自己會有多不開心，或不開心的時間會持續多久。你不知道你何時會被情緒吞噬，對於各種情況下自己的應對能力，你經常預測錯誤。有時你寧願自己沒有情感。

對很多高敏感情緒者來說，主要的恐懼在於：害怕自己的情感特點會影響重要的人際關係。許多高敏感情緒者會因為他們的敏感失去朋友、親人，甚至伴侶。儘管你已經反覆發誓不要情緒失控，情緒反應不要太快或太頻繁，但你的情緒對人際關係的破壞卻從未停止。

控制憤怒是一件特別困難的事。無論你何時生氣，可能都想加以攻擊。強烈的情緒容易導致各種誤解，這也是你經常憤怒的原因。因此，你會表現出一些毫無道理的攻擊行為。任何時候，你因憤怒而對他人進行的攻擊，都會讓彼此之間的關係變得緊張。除此之外，對衝突的恐懼、解決衝突的薄弱能力，都使你在消除誤解方面困難重重。你會突然決定永遠不要和任何人說話，但是幾個小時後又反悔了。你和你愛的人之間來來回回的互愛互傷，這讓你感到極其沮喪。你寧願獨處，也不願讓自己面對有可能失去友誼及其他人際關係的風險。

高敏感情緒者通常會因為自己的敏感而感到羞愧，所以會盡可能地掩飾自己的情感。你相信，如果在別人面前表現自己的情緒，尤其是容易哭泣的特點，會被其他人認為很脆弱或不夠聰明，這些自我批評會讓你不接受和排斥自己的情緒。

對「拒絕」敏感

對拒絕敏感，這會以很多不同的方式干擾高敏感情緒者好好生活的能力。在每一次與他人的互動中，都有可能會讓你體驗到真實的拒絕，或者只是自己假想的拒絕。如果你是高敏感情緒者，你會因為可能發生的苦惱而畏懼社交。即使熟人委婉並溫和地批評幾句，你都會認為自己不適合與人來往。假如有一個朋友未邀請你參加聚會，你會認為自己被人遺忘，即使你知道對方有很多不同的朋友。

你或許會把別人話裡的一些語氣解讀成「對方不喜歡自己」。在你的頭腦裡，會一遍遍回想著與他人對話的內容，擔心自己是否說錯什麼而使朋友迴避你。最讓你感到傷心的是，當你糾結於是否要繼續這段關係時，對方卻不主動示好，甚至沒有什麼情感波動。對拒絕的敏感會影響到生活的其他方面，例如在學校或職場上不會做冒險的事，因為你會把「別人沒有後續的回應」視為一種拒絕。

頻繁的情緒疲勞

處理和應對持續的敏感情緒是件勞心費力的事。高敏感情緒的人在「情緒中」的時間只能那麼多，隨後他們就要逃脫這種情緒超負荷的感覺。高敏感情緒者有時可能需要獨處，或是和「安全」的人待在一起才能感到內心平靜。高敏感情緒的人會發現，沉浸在一個無人知曉的繁忙空間裡，會覺得很舒服。但問題是，你們會因為自己的退避而感覺羞恥，然後由此對自己妄下結論。

很難做決定

如果你是高敏感情緒者，會發現無論是做決定還是採取行動都需要經過一番掙扎，因為強烈的情緒會讓你變得麻木和困惑。有時候可能會被自我懷疑所困擾，會把情緒錯當成事實。例如，當你感覺到什麼，就會認為所感覺到的就是事實。有時你對外界反應太過迅速，以致於根本不會審慎思考結果。當有些問題比較棘手時，你會很輕易感到氣餒並決定放棄。你常常認為生活太辛苦了，真希望自己能像其他人那樣簡簡單單地做出決定，然後繼續生活。

直覺性的思考方式

直覺是一個人靠本能去理解事物的能力，不需要進行有意識的推理。直覺的思考是人們較難察覺和理解的大腦運作方式。直覺強的人經常知道某些事情是對的，但是我們無法解釋自己是如何得出這種結論，只是有一種確切的無疑感。高敏感情緒的人就是典型直覺強的人。

你或許有過這種體會，「清楚知道」自己正處在危險中，有人正在撒謊、你遇見的人將會是人生的摯愛、你應該在下一個路燈向左轉。你清楚地「知道」某個情況會有好結局，或者某個人不該接受什麼提議，沒有什麼可以解釋你做出的決定和為什麼「知道」所有的一切。

直覺性思考方式是一種很有價值的資源，但是強烈的情緒會干擾直覺力的發揮。舉個例子，焦慮的人尤其能感應到配偶的消極情緒，卻很少能意識到配偶的積極情緒。直覺感知到的消極情緒，勢必會扭曲雙方之間的關係認知。因此，能富有成效地利用直覺是一件極具挑戰的事。

創造力

發揮創造能力有很多種方式。假如你是高敏感情緒者，或許你具有藝術天分、音樂天賦、寫作天賦，又或者有室內設計的才華。也許你可以完成一盆動人的插花作品，或設計一套有魅力的服裝；或許你有著生動的想像力，能夠駕輕就熟地舉辦一場絕妙的社交聚會。

如果你是高敏感情緒的人，你尤其擅長看到「宏觀遠景」。你有能力將所有零散事物用不尋常的方式統合在一起，並且有能力做出某些改變帶來全新的結果。這就意味著，你會經常運用新穎的方式解決問題。若你身處商業界，這些技能可以使你如魚得水，因為這個行業很重視標新立異的解決問題方案。例如，你可能會想出一個創意滿滿的廣告，宣傳如何快速清潔地板，好幫助需要花大量時間輔導孩子功課的家長，或是能讓自己在愛挑剔的婆婆面前留下好印象。

強烈的正義感

高敏感情緒者對於正義的事情都很熱衷，不管這件事情對你們是否有直接影響。如果你們看到不公正的行為會感到難過。你們會隨時準備為那些你們認為受到委屈的人挺身而出，有時候這種行為會引來一場爭鬥，導致雙方都為各自的利益而戰。舉個例子，假如你是個高敏感情緒的人，你會打電話到兒子的學校，辯解兒子不該被視為行動遲緩的學生，他會遲到完全是因為朋友拖累了他。你並不知道別人為什麼會做出不公平的事，但你樂於在生活中盡顯公平，在你看來這是保護他人的行為，但在他人眼裡，是對他人生活的控制或過度干預。

不斷變化的認同

你對個人認同的定義是：身為一個人，你如何理解自己是誰，這包括你的好惡、價值觀和性格特徵。強烈的情緒會干擾你對自己的了解，也會妨礙你指引生活的核心價值體系。高敏感情緒的人會感覺自己的人生是隨波逐流的，好像總被某個人和某個事物推來推去。

一個高敏感情緒的人向我這樣說：「我不確定我是誰，有時候為了某個情境，我會成為別人需要的那個我。」還有人說：「我一直在盡力挖掘我自己。」或「我感覺自己總是立場不穩，我努力做到別人希望我成為的那個人，直到真正的我不見。」

情緒能提供重要的訊息，讓人更加了解自我認同——這對體驗和管理情緒至關重要。如果不讓自己去感受情緒，就無法接收到所需要的反應，這些反應會幫助你精準判斷自己喜歡什麼、不喜歡什麼。從另一方面看，只要情緒一爆發，就很難準確聽到這些情緒想要傳遞的訊息。

作為一個高敏感情緒者，如果沒有堅實穩固的自我認同，對自我的感知會隨著遇到的人、閱讀的書或居住之地的改變而改變。這樣的人就像一條變色龍，總是隨著身邊事物的變化而改變自己。可能某一天，你會認為自己是一個環保主義者，想要離開陸地生活，但是一週後，你又開始滿懷熱情投身於宗教。

情緒敏感的原因

幾十年來，人們對這個問題一直有爭論：人類的行為和性格特徵的變化是基因還是經驗所導致？到目前為止，整體的結論是：人的生物機制與生活經驗／所處環境，造就了人的性格和管理情緒的能力。

我作為傳授辯證行為治療（Dialectical Behavior Therapy，簡稱DBT）的心理治療師，我對情緒敏感的觀點是基於瑪莎・萊恩漢（Marsha Linehan）的生物心理社會模式。萊恩漢是一名心理學家，也是辯證行為療法的創始人，他發展了生物心理社會模型理論，並據此解釋邊緣型人格障礙（Borderline Personality Disorder，簡稱BPD）的起源。邊緣型人格障礙基本上是指：在情緒非常不穩定或很難管理自己情緒的人身上出現的心理障礙。萊恩漢的理論指出有些人是天生的高敏感情緒者，這種敏感與兒時不斷被批評做錯事的環境有關聯（例如告訴孩子他的所思所感或行為是錯誤的），因此發展出邊緣型人格障礙。

也就是說，你的人生經歷，包括家庭的行為、反應及互動模式，還有與生命中其他重要人物的經歷，都會增加或減少你在應對強烈情緒時的困難。這並不是說如果你是高敏感情緒者，就一定是在家長不斷指責你犯錯的環境下長大。然而，如果你的高敏感情緒特點不被家人接受或理解，或者照顧你的人忽略了你的情緒感受，又或者他們反應過激，甚至對你施以虐待，你就會很難接納和管理自己的情緒。

識別你的情緒敏感等級

有高敏感情緒和不良情緒，不代表你和其他任何人有什麼不同。敏感情緒者的表現就像是生活在颶風下，情緒的強度是隨著敏感程度的高低而變化。處在一級強度（1級），個體會比大多數人稍微敏感些，這些人能明顯感覺到情緒敏感度的增加，這對他們人際關係和人生目標的破壞程度卻是最低的；處在中等強度（3級）的人，生活中會明顯感覺到情緒帶來的不適感，這種不適會為他們的生活造成危害，例如影響到新結交的關係、商業往來或其他會產生焦慮的行為活動；處在最強等級（5級）的人是高敏感情緒者，他們的情緒總是來勢迅猛，給他們的生活帶來嚴重破壞，包括家庭關係、友誼與日常行事的能力。

至關重要的是，你要知道自己處在哪個強度等級上，假如你是4級或5級的強度（例如在本書前言裡的自我評估中，測試結果為「嚴重的高敏感情緒者」），你就要比其他低敏感度的人更積極使用應對技能。

高敏感情緒者一定是心理障礙者嗎？

因為某些不太清楚的原因，有些人生來就是高敏感情緒者，他們生活在重重的壓力下，但不會發展出情緒化的人格，或者出現行為障礙，但其他人卻會。有些高敏感情緒者曾經提出建議，從事一項自己熱衷的興趣愛好，像是閱讀，或是和對自己有幫助的成年人往來，例如鄰居、父母親、祖父母、老師，都能提升他們適應生活的能力。

如果你被診斷出有憂鬱症、焦慮症、邊緣型人格障礙或者其他情緒障礙，那麼治療方法就是我們最關心的事。至少有十九項研究顯示，對於有嚴重憂鬱症、創傷後壓力症候群、強迫症、恐慌症、社交焦慮症、焦慮症和邊緣型人格障礙的人，透過心理治療這種積極的方式，能幫助改變大腦功能。儘管本書重點不在於介紹這些心理障礙的治療方法，也沒有要以此取代心理治療的意圖，但是本書中的方法將會讓人受益匪淺。假如你現在正在接受心理治療，請在嘗試使用書裡的方法前，和你的心理治療師討論書裡的觀點。如果你已經完成了情緒障礙的療程，書裡的觀點或許會幫助你更進一步減少情緒帶來的痛苦。

本章結語

敏感情緒既是上天給予的莫大恩賜，也是最大的挑戰。有時候你很難體會到敏感情緒的好處，因為強烈的情感經歷是很痛苦的體驗，往往導致你處境艱難。接下來，我們來看敏感情緒是如何影響生活。學習管理情緒，學會一些基本的情緒管理技巧，不再讓情緒肆無忌憚地吞噬自己。

第二章

管控情緒的首要步驟

邏輯思考通常被視為成熟和聰明的標誌。假如你是高敏感情緒者，會很難接納和應對自己的情緒，因為你經常喪失理智。因此，你會努力想讓自己變得成熟和聰明。你可能會覺得如果沒有悲傷、妒忌和恐懼，生活會更加輕鬆自在，因為這樣就不用害怕別人看到你因生氣哭泣的表情，對於你像孩子般的舉止他人不會再無奈搖頭，你也不會整天都納悶為何沒人和你說早安。沒有情緒的生活聽起來好像很吸引人。

然而，情緒對你而言是「禍」也是「福」。例如，你的恐懼是在告訴自己何時該逃離危險；內心的愛會明確指出誰需要你的保護、你想和誰交往；喜悅能提升你積極生活的能力。情緒還會為你帶來行動的動力，當一隻飢餓的老虎要襲擊你時，你會想要立刻逃跑，而不是盤算計畫如何逃跑。情緒不同於邏輯，它可以促使你去幫助身處貧困和身陷困境的人，你的邏輯卻不能解釋為什麼有人會願意跳進寒冷刺骨的湖水去解救一個落水的兒童。因此想要在每天都做出好的決定，需要帶著情緒進行邏輯思考。

接納情緒和它所傳達的訊息，能幫助你做出更好的選擇。接受自己的情緒，代表你能理解自己情緒的表達風格。

高敏感情緒的類型

高情緒化通常有兩種表現方式：情緒化反應和情緒化迴避。這裡會分別描述這兩種方式，但很多時候，你表現出來的狀態會徘徊於這兩種方式之間。所以要依據當時的環境而定。

情緒化反應

假如你傾向於情緒化反應，你會不假思索地表達出情緒，例如直接表達憤怒、悲傷、快樂、激動和其他熱烈的情緒。你可能會立刻跳上飛機去見一位朋友，即使當時你阮囊羞澀；你可能是聚會上唯一一個帶頭跳舞和唱歌的人；如果老闆不批准你的度假請求，你會寄一封表達憤怒的電子郵件給他；假如在丈夫的手機裡發現一則女性傳來的訊息，妳會氣憤地將他所有衣物統統扔到草坪上。隔天當妳平靜後，意識到丈夫其實是清白的，於是你傳給他上百條的道歉訊息。

當你處於情緒化反應狀態時，根本無法控制自己強烈的情緒衝動。例如，在寫那封表達憤怒的郵件給老闆時，你並不在乎自己可能會被解僱；當妳把丈夫的衣服全都扔到草坪上時，也不會去思考丈夫是否會給妳一個合理的解釋，例如訊息是他的祕書傳來的，是關於他和客戶會面的訊息。在情緒爆發的那一刻，你的情緒告訴你，自己的行為是對的，雖然事後你會因為自己當時的衝動倍感尷尬。你對自己發誓：「永遠不再這樣！」但是還是反覆這樣做。

對於情緒化反應的人，減少事態混亂的重要步驟就是，在情緒衝動的那一刻延遲行動。你需要一些讓自己情緒平靜下來的辦法，這樣才能清楚思考和決定「什麼樣的行為是最有效的」。正念（見第四章）是絕佳的方式，它能讓你在衝動和實際行為之間產生延遲的行動。在本章後面將會討論有助平靜的技巧。

情緒化迴避

如果你傾向於情緒化迴避，那麼你不會想去面對引起自己不舒服的感覺或情境。避開痛苦的情緒似乎是個不錯的想法，你可能會透過超負荷運動、長時間加班、暴飲暴食及其他類似的事情來麻痺情緒，或者你會將你的情緒推開，讓自己不去意識它們的存在，也許你推開情緒的速度快到甚至你會覺得這些情緒從沒出現過，但迴避自己的情緒是很費神費力的。因此，很多時候你可能會覺得疲勞。實際上，突發的疲倦感有時是在暗示自己：你正在躲開一些不願面對的情緒。

如果你傾向於情緒化迴避，你會習慣在他人面前戴上假面具，儘管你對自己的情緒其實有所意識。你會努力保持微笑，不願承認自己有一絲一毫的失落。為了掩蓋自己的情緒，你會說：「我很好，一切都是完美的！」或者用憤怒的方式來掩蓋，例如傷心，因為傷心會讓你看起來更加脆弱。

正念（見第四章）能夠提高覺知困難情緒的能力，這樣你就能制定出應對的方法。採取措施去察覺自己的情緒，例如分析身體知覺，研究自己的衝動慾望以及確定其緣由（見第五章），這將幫助你培養出有效回應情緒的能力，你能依據所察覺的訊息行事。假如你傾向於迴避自己的情緒，就會跳過或忽略本書裡的一些練習。反之，仔細完成所有練習不僅能幫助你了解相關訊息，也會幫助你克服「迴避」這個舊習慣。

追求美好的感覺

整體來說，情緒化迴避會讓你在短期內有良好的感覺，儘管這樣的長期後果是令人痛苦的。為了每天都能過得快樂而迴避困難情緒，如此並不能真正快樂，這就如同追逐永遠都得不到的幸福。吃完一塊蛋糕後，你堅信再吃一塊自己的心情會更美好，而事實上，多吃一份甜點不能讓你感到真正的快樂。但是為了得到即時的快樂，迴避糟糕的情緒，你會喝更多的咖啡、買更多的衣服，甚至為了買新款手機徹夜排隊，即使這些東西對你而言完全多餘。

事實上，想要的太多不會讓你感到快樂，但你會發現自己很難克服過量進食、過度飲酒、過度消費或其他想讓心情好的衝動行為（也是想迴避困難情緒）。當你感覺自己會做出不好的事情時，你可以寫下你的想法，然後尋找可以替代這個行為的有效方法，例如運動、與朋友玩遊戲，或打電話給友人尋求支持和幫助。

另一個選擇就是寫下「不會再做這些不良舉止的理由」，然後隨身帶著這張紙。在你控制不住想要迴避時，看看這張紙上的內容。有些人會配戴物品，例如一顆石頭、有記號的項鏈或是珠寶首飾，藉此來提醒對自己做出的承諾，不要再執著於做些「表面看起來自我感覺良好」的事。如果還不能停止這些衝動，那麼就要考慮尋求專業人士的幫助，或者參加十二步驟方案療程（它是一種心理脫癮療法）。

也許你追逐好心情的部分動機是因為害怕不良情緒，或是恐懼部分情緒，因此當情緒一有苗頭出現時，你就開始變得焦慮不安。

情緒恐懼症

有很多原因會導致你患上情緒恐懼症。也許在年幼時，你曾表現出某種情緒，例如憤怒，你的照顧者因此嚴厲懲罰過你。此時幼小的你會意識到：有情緒是「不對的」。你可能很害怕悲傷，因為它會讓你陷入深深的憂鬱中，並且你會擔心只要自己感到悲傷就會觸發那些情緒。你害怕自己在情緒化的時候失去自制力，不管何種原因，每當你經歷了讓自己恐懼的情緒時，就會驚慌失措，甚至在自己所害怕的情緒到來的第一時間，你就開始變得癱軟無力，或想立刻逃跑，而這種驚慌失措感來得太快，以致於你都沒有意識到它背後的情緒，只感覺自己被焦慮吞沒。

只有自己經歷了所有的情緒，你才能克服情緒來襲的擔憂。當你去經歷和感受時，才能了解這些情緒只是暫時的，其實你是能夠忍受它們的。在這種情境下，心理治療師提供的幫助相當重要。

自我評估：你的情緒對生活產生怎樣的影響

不管你是傾向於情緒化反應還是情緒化迴避，或是兩者交替發生，你的情緒都在以不同的方式影響著你的生活。以下將指導你評估強烈情緒在生活的不同領域對你的幫助和阻礙。

你也許會發現做這個練習非常痛苦，覺得難以完成，建議可以找個人在身旁支持你，或做一些可以分散注意力的活動，例如當完成下面的練習題後，和朋友一起吃飯、健身，只要可以幫助你分散對不良情緒的關注，任何活動都可以。

找到改變自己的理由（在此情況下提升你的應對能力）是成功改變的一部分。請注意，在做以下練習時所產生的情緒都只是暫時的。然而，假如你還有未解決的過往創傷，或者仍堅信這個練習會讓你非常不舒服，那麼你只能在心理治療師的輔助下做這個練習。

情緒高度敏感的代價和好處

在下面的每個分類裡，寫下情緒敏感帶給你的幫助和阻礙，以及你的情緒是如何讓自己受益。你可能無法立刻想起來，但如果仔細思考將會發現，你的情緒已經為你的生活帶來重大改變。

愛情關係／婚姻

在這個方面，高敏感情緒如何幫助你？

高敏感情緒如何妨礙你？

工作

在這個方面，高敏感情緒如何幫助你？

高敏感情緒如何妨礙你？

養育

在這個方面，高敏感情緒如何幫助你？

高敏感情緒如何妨礙你？

人生夢想

在這個方面，高敏感情緒如何幫助你？

高敏感情緒如何妨礙你？

友誼

在這個方面，高敏感情緒如何幫助你？

高敏感情緒如何妨礙你？

社會活動

在這個方面，高敏感情緒如何幫助你？

高敏感情緒如何妨礙你？

休閒時間、興趣嗜好

在這個方面，高敏感情緒如何幫助你？

高敏感情緒如何妨礙你？

精神生活

在這個方面，高敏感情緒如何幫助你？

高敏感情緒如何妨礙你？

現在請思考你回答的內容裡是否存在某種模式。在每一個分類的內容中，你的高敏感情緒是否都以同樣方式對生活產生幫助或阻礙？你想要自己變得和以往有什麼不同？例如，你放棄了曾經承諾能完成的任務而沮喪不已，因此你希望自己以後凡事都可以堅持到底。那麼學會如何有效處理自己的沮喪情緒，就是你的目標之一。

接下來將探討情緒的具體表達方式。了解自己的行為在某種情緒下的典型表現，這能幫助你在與他人交流時更順暢。辨識自己的情緒反應模式，能幫助你改變原來不健康且效果不佳的行為舉止。

記錄你的情緒和行為

在接下來的一兩週裡，只要你經歷了以下列表裡的某種情緒，就立刻從情緒程度欄位中選擇合適的等級（程度等級分1～5，其中1代表溫和，5代表非常強烈），然後記錄下當你處在這種情緒時自己做了什麼。舉個例子，假如你感到悲傷，你是大哭一場或是找朋友傾訴，又或是大吃大喝、瘋狂購物，或者只是將情緒推開不予理會。

不論在這種情緒中你表現出什麼樣的行為，你對該行為會帶給自己的結果是有所期待的。例如你感覺很悲傷，然後做出了某種行為，你是期望能藉此迴避悲傷的情緒，使自己不再孤獨，忘記讓自己悲傷的事情，或者得到他人的關注，又或是期望改變當下的處境。如果你因為悲傷而過度飲食，那麼你期待的可能是想在短時間內讓自己的心情變得更好，但對於接下來的長期情緒狀態，你並不在乎。所以，請記錄下你做這些事情時期待些什麼。

在「實際結果」那個欄位，描述實際上短期和長期發生的事情。也許事情會如你所願真的發生，或者完全違背你的期望。像是當你生氣並想躲避外界時，會期待朋友能對你噓寒問暖，而事實上他卻沒有在意你。

在經歷這些事件後盡快記錄所有訊息。記錄得越快，訊息就越準確，對自己越有幫助。

情緒	強度（1～5）	你做了什麼？	你期待什麼？	實際結果（短期／長期）
悲傷				
生氣				
嫉妒				

挫敗	恐懼	愛	羞愧	拒絕

當你完成（或幾乎完成）這個表格時，重新回顧一下你在每種情緒欄位裡所寫的內容，注意自己的情緒是以什麼模式影響自己的行為。有些行為或許是有用的，能幫助你獲得想要的結果，有些行為卻對你想要的生活產生不良影響。你是否在某一種特定的情緒中反覆做出同樣的行為，即使這些行為是無用的，甚至還帶來了意外的後果？你的行為是否在某個情緒敏感強度上發生了改變？

在你學習更多管理情緒的技巧時，要謹記之前做過的練習，這樣你就可以採用靈活熟練的行為來替代以前沒有幫助的不佳行為。

情緒急救

到目前為止，你大概已經注意到，當心中充滿了非理性的情緒時，行為的結果從長遠來看，不是令人愉快的，這很正常，你可能在心裡承諾過無數次以後不要再被情緒控制。你可能認為是自己意志力不夠強大，才一而再、再而三地為情緒所累，但是每個人的意志力都是有限的。你可以信守自己的承諾幾個小時或幾天，可一旦情緒洪流到來，勢必再次將自己吞噬。

意志力無法每次都幫上忙。運用絕對的意志力來迴避你的消極情緒，並追求各種可以讓自己心情愉悅的方式，長期來說這只會讓你更加苦惱，而且會讓你更沉浸在不良情緒中無法自拔。面對這種情況，一般的情緒應對策略派不上用場，一旦你的行為超乎自制力，你就完全不知該如何採取有效的行為來制止這一切的發生。

下面談到的技巧能從整體上幫助你將情緒的影響降到最低。在後面的篇章裡，你將學會更多的具體策略和方法。請記住，如果有些方法一開始沒有作用，就要多去練習和運用。

找到情緒根源

如果你是高敏感情緒者，你會時常不確定情緒的來由。有時會發現自己感到憂鬱、害怕或是生氣，但是並不知道背後的原因。假如你能準確判斷自己的情緒及其根源，就能知道如何更好和更有效處理這些情緒。例如，如果一場暴風雪即將來臨，你感到擔驚受怕，於是開始儲備食物、給汽車換上雪地防滑輪胎，這些舉止其實都是合乎邏輯且有積極意義。

採取適當行動來解決問題能使事情變得有意義，也可以幫助你管理情緒，儘管有的時候你可能無法採取行動。假如你因為另一半隔天要接受手術而感到焦慮，你無力改變這個情況，但是你要明白自己心情低落的原因只是暫時的。如果你清楚知道自己只是要在短時間裡應付焦躁不安的情緒，就可以找一些方式來安慰自己，或者分散自己的注意力。

現在想像一下，因為沒有找到焦慮的根源，一整個星期你的心情都很差，你一直在想到底是什麼導致情緒不佳，最後意識到，可能是因為沒有收到上週去面試的公司的回覆。找出情緒根源會幫助你客觀看待情緒。或許你會微笑著搖搖頭並且明白，自己很想要這份工作，但即使沒有錄取也無大礙。在這種情況下，分辨情緒的來源能幫助你以不同方式管理情緒。

有時候，高敏感情緒者會說，情緒失落的確是世界上非常糟糕的事，這個想法讓他們感覺自己更加悲慘。但是和前面的例子類似的是，悲傷或傷心是結果而不是原因，你要找到讓自己傷心的具體且詳實的事情。如果你認為生活一團亂，想想是不是最近發生了什麼事情讓生活變得如此不堪？具體且明確地表達出來，例如「我媽說她很生氣，因為她已經受夠了我一再地向她要錢付房租」，這樣的表達可以幫助你找到解決問題的方法。若只是簡單地表達自己如何悲慘，像是「我媽是一個自私鬼」，這種說法只會讓你情緒更加失控，甚至感到絕望。

情緒與情緒根源的連結

在過去一週內，你是否有強烈的情緒起伏。每次情緒發生時填寫下面表格，可以幫助你關注自己的情緒模式。

經歷的情緒：＿＿＿＿＿＿＿＿

觸發情緒的事件（請具體描述）：＿＿＿＿＿＿＿＿

你能否解決或減輕這個問題？是否採取過行動？

如果這個問題很棘手但是持續的時間並不長，你是如何安慰自己，或是幫自己分散注意力的？

用一週時間完成這個練習後，或許會發現你能更容易將自己的情緒和產生情緒的原因連結起來。當你知道任何特定情緒的根源時，就能更清楚知道該如何有效應對。

承認你的情緒不一定是真實的

當你感覺快樂和喜悅時，想法會比較積極，你會覺得身邊一切都令人滿意；當你心情沮喪時，可能就不記得之前的好心情了，也無法相信心情會變好，即使生活中並沒有發生什麼重大改變。在這期間，你的想法經常是悲觀的，覺得一切都令自己絕望。例如「我感覺自己很悲慘，因為這個世界很恐怖，我的人生混亂不堪」，這樣的想法就是最典型的代表。這就是人類大腦工作的方式。在這段時間裡，你很容易以不理性的方式看待世界。對高敏感情緒者來說，情緒就會出現一種坐雲霄飛車的效應——今天情緒高漲，明天情緒又低落。

有一種方式可以幫助你擺脫「痛苦是永存的」想法，就是追蹤你的情緒。養成寫日記的習慣，每天記錄你的情緒和當天發生的事情，你會看到自己的想法隨著情緒的改變而變化。你的想法經常反應你的情緒，而且這些情緒不一定是生活裡的事實。意識到這一點，對你很有幫助。

不要滋長痛苦情緒

管理痛苦情緒，像是悲傷，並不會為你的情緒增加負擔或是讓情緒更激烈，這一點似乎合乎邏輯。然而要做到比用說的困難很多。當你意志消沉時，大概不會主動選擇和那些正開懷大笑、沉浸在快樂中的人待在一起，你可能會找一些不開心的人來伴你左右。如果你正在生某人的氣，你會想出更多他讓你生氣的理由，於是你的憤怒遲遲無法消退。如果你剛和另一半分手，你會沉浸在各種失戀主題的歌曲中。好消息是，我們有很多方法阻止你的負面情緒變得更強烈。

停止重播情緒

當你感到生氣、害怕或有令你不舒服的情緒時，可能會在腦海裡一遍遍重播讓你產生這種情緒的事件；你可能會尋找更多的證據來證明自己的感覺是對的；你可能會記得別人對你做過的所有壞事，記得某個人讓你傷心的每個場景，或者自己犯過的所有錯誤。但是，把過去所有的錯誤和不幸都記錄下來，不僅無法幫你解決當前的問題，反而會使你更加難過。

有種方式可以停止情緒激動，就是輕輕提醒自己：留駐當下，只要關注當下的情境就好。如果你的思緒飄回到過去，就要重新集中注意力，必要的時候，要反覆進行這個過程（詳細內容見第四章）。

你也可以試試下面這個非正式的正念練習：關注過去讓自己不安的想法，然後觀察這些想法是否對你有幫助。你可以對自己描述這些想法的性質，例如，「那是一個有益的想法」，或「這個想法並沒有什麼用處」。

另一個選擇就是練習接納。接納發生的事並不代表你認可或贊同那件事，而是意味著：

你承認它的確發生過。要停止幻想這件事本來可以不同或本不該發生，同時要停止指責他人，你要接受「事情確實發生且已經結束」的現實。接納行為也關乎你的想法，接受「自己是情緒不安的人」的這個事實，表示你停止與思想做爭鬥。當你再次有什麼想法時，就給它貼上標籤：「那只是一個念頭。」然後你就不會繼續想「要是……就好了」的問題。這樣做會幫助你逐漸意識到：自己在想什麼，而這些並不是真實存在的。人類有各式各樣的想法，但不一定都能反映現實，而我們許多的想法都與自身無法控制的事情有關。

你也可以用別的想法來代替，讓自己停止苦惱毫無裨益的回顧。例如，從一百倒數到三，或是在腦子裡背九九乘法表，這些都會對你有所幫助。

放棄情緒化推理

當你的情緒變得敏感時，很容易相信那些伴隨情緒而來的想法。這些想法被稱為「情緒化推理」。有時候，這種不安的情緒只會讓你確信有糟糕的事情發生，或是即將要發生。例如，若你擔心自己考試不及格，你的情緒化推理便是：我肯定會考不及格；如果你擔心身體出現嚴重問題，你的情緒化推理則是：我真的生病了。

根據情緒判斷什麼事將要發生，或是什麼事的確發生了，會讓情況變得更糟。例如，你根據自己的感覺認為「我確信會考不及格」，這種情緒化推理將導致你逃避考試或不在考試前複習——因為看起來毫無意義，於是你主動放棄或故意考試不及格。如果你相信「我真的病了」，你可能不會去看醫生，因為為了證實自己的情緒化推理，你寧願選擇拒絕了解自己的身體狀況，這會導致你的身體狀況變得更嚴重，以致難以治療。而且你其實不想聽到醫生說你身體並無大礙，雖然這樣可以結束你無休止的擔心。

情緒可以提供訊息，不過有時這些訊息卻是被曲解的。情緒化推理就像一個虛假警報。你擔心健康檢查報告的結果，但是你的糟糕情緒並不代表你擔心的結果是糟糕的；工作面試時的焦慮也不意味著你得不到這份工作。

情緒化推理不同於直覺，直覺是一種平靜的感知。當你運用直覺時，即使不能表達出為什麼，但你知道哪件事是對的，而且這種感知幾乎不帶有任何情緒；但當你運用情緒化推理時，你經常感覺到苦惱和激動。

因此，判斷是直覺反應還是情緒化推理，這點很重要。假如你是情緒化推理，你就要知道：這些想法都是情緒產生的，並不是事實。

學會休息

當出現生氣或害怕這些不舒服的情緒時，你會想盡快平息。這時候要讓自己休息一下，因為內心平靜下來，你的邏輯思考才能出現。你在休息時的所作所為至關重要，有的行為會幫助你有效管理情緒，有些行為卻會讓你更加難過。下面推薦一些方法：

呼吸練習。你的身體在情緒不好的時候會變得緊張，簡單地放慢呼氣就能讓你平靜。有一種方法是：一邊呼氣一邊數到七，用鼻子吸氣，然後用嘴巴呼出，雙唇撅起或鼓起雙頰，發出吹氣的聲音。可以把吸氣時的數數字加到練習裡，不管你呼氣時數到幾，吸氣時都數到那個數字的一半。例如，如果你呼氣時數到七，吸氣時就數到三或四，重複四次。可以每天練習一次或兩次。

觀想或引導式心像法。觀想是運用想像力在大腦裡想像讓你感覺放鬆的事；視覺／引導式心像法是有人引導告訴你要想像什麼，通常以影像或聲音的形式。人們常常透過想像來減少壓力，或幫助自己停下腦袋裡對痛苦事件的反覆回想。例如，你希望遇到的所有困難都消失，可以想像把所有困擾你的想法一個個都裝進箱子裡，然後用鐵鏈鎖起來，接著想像把這個箱子放在一個洞穴的底部，最後用混凝土封死洞口。或是像下面的例子，想像自己待在一個輕鬆的地方。在你開始想像前，先擺一個舒服的姿勢。深呼吸，慢慢地吸氣和呼氣，感覺空氣進入你的身體，並從身體裡釋放出去。當你呼氣時，注意臉部的肌肉如何放鬆，你會感覺自己變得越來越沉。此時你哪裡都不去，什麼都不做，將注意力全集中在呼氣和吸氣上，同時放鬆全身肌肉。

想像自己正漫步在一片綿延的沙灘上。沙灘上的沙子純白無暇，它們在你腳下是多麼地柔軟和溫暖。空氣很清新，帶著海水淡淡的鹹味。當你靠近大海時，注意到湛藍的海水變得如水晶般透亮。形態各異、大小不同的貝殼在海岸邊閃閃發光，或在海浪下熠熠生輝。你在那裡站了好一會，只是注視著海面並聆聽浪花輕輕的拍擊聲。你的皮膚感覺到太陽的溫暖，天空萬里無雲。微風拂過，海浪拍打時細碎的浪花撒落在你的臉與手臂上。偶爾你會聽到遠方傳來海鷗尖銳的叫聲。過了一會兒，你注意到不遠處有一片棕櫚樹林，四周開滿了熱帶花卉。你走去聞花的香氣時，發現兩棵棕櫚樹之間掛著一張吊床。你躺進這張吊床裡，把頭枕在枕頭上。你靜靜地躺著，傾聽海浪此起彼伏翻滾的聲音。你吸氣、呼氣，讓所有的壓力都排除了。

打造自己的觀想

個性化的觀想會讓放鬆的效果變得更好。也許你寧願選擇想像自己是在山上的小木屋而不是在海灘上，也許某種氣味或聲音讓你覺得更舒服。按照下面的指導寫下你的反應，可以幫助自己創造出個性化的觀想內容：

1. 描述你最喜歡的放鬆方式。
2. 具體描述你看到最讓自己感到放鬆的事物。
3. 具體描述你聞到最讓自己感到放鬆的事物。
4. 具體描述你觸碰到最讓自己感到放鬆的事物。
5. 具體描述最讓你感到放鬆的地方，包括你是如何運用自己的所有感官去體驗那個地方。
6. 具體描述任何你希望在想像中接觸到的人。
7. 在想像中，你喜歡到處走？還是只待在一個地方不活動？

現在將以上所有的內容都編進你的想像中。例如，如果你最喜歡蘋果派的香味，就讓那種香氣飄浮在任何你喜歡的地方。說出你想像的內容並錄下來，然後將這份錄音保留在手機或其他你可以隨時收聽的設備裡。

漸進式肌肉放鬆法。漸進式肌肉放鬆法能減少肌肉的緊張，降低焦慮程度。這個方法是先讓你的肌肉群（例如腳趾或小腿肚）在吸氣的時候變得緊繃，然後在呼氣時放鬆下來。你可以從腳開始，一直往上放鬆到臉部。這種漸進式肌肉放鬆法能幫助你降低焦慮和緩解失眠。

轉移注意力。有時候，讓你平靜的最好方式是：將注意力從困擾自己的事情上轉移開來。記住，在使用轉移注意力的方法之前，要先讓自己感受當下的情緒。感受當下的情緒是很重要的，你可以從情緒中獲得訊息，讓自己不必用轉移注意力的方式迴避情緒。持續數小時的強烈情緒會令人筋疲力盡，因此在適當的時候需要採用一些方法讓自己從情緒中走出來。你可以玩個遊戲、看場電影，或是打電話給朋友聊聊無關緊要的話題。當然，轉移注意力並不能消除痛苦情緒，但是能幫助你在情緒離開前或情緒強度降低前學會忍耐。

情緒復位。有時要讓一種情緒消失是件很難的事，不過找到讓情緒「復位」的方式可能對平復情緒有所幫助。正如一句老話說的：「事情總是在早上看起來更好。」如果做什麼事對你的情緒都沒有幫助，那麼可以的話就先去睡一覺。醒來時，你的情緒很可能就自然變好了。

運動。運動對於降低焦慮和平復情緒有相當大的好處，它使你能夠更清晰地思考。任何運動都可以提高你的心率。

改變體溫。沖個冷水澡，或者在寒冷的天氣裡出去散個步，這也不失為一個好方法。

有時大聲笑出來——一個長時間的捧腹大笑，可以減少你的痛苦情緒。假使這樣對你有幫助，你可以收藏有趣的影片，或者肆無忌憚地大笑就好。

記住「重要的事」

情緒會曚蔽你的雙眼，讓你在那一刻看不清某些人的真面目或事情的真相，但這些人或事也許不會讓你當時的情緒肆意氾濫。當你對某個人生氣時，可能會認為那個人總是對你有敵意或是有意害你。憤怒將你的視野縮小，讓你只看到那個人有多恐怖，你有多不喜歡他。

假使你的妻子忘記在最後一分鐘去雜貨店購買聚會所需的物品，但一小時後你要主持這個聚會。此時你很可能會變得非常氣憤，想起妻子之前所有沒做好的事，忘記她曾經的好以及做過對你有幫助的事情。如果你能督促自己想起妻子曾經對你的支持與幫助，你的想法就不會有偏頗，也會更加正確。

你可以寫下一份清單，記下你曾經在生活裡接受到的支持與幫助。隨身攜帶這個清單，當你感到生氣或難過時，看一下這份清單，它能幫助你記住「重要的事」。

創造一個不同的情緒

管理情緒意味著：你需要創造一個不同且能令自己更加愉悅的情緒。尤其當情緒需要花很長時間才能消散時，以及這種情緒的強度與引發的處境完全不符時（例如，你不確定為什麼自己會出現如此強烈的情緒波動），此時最好做些其他行為活動讓截然相反的情緒出現。例如，如果你感覺意志消沉或焦慮不安，觀賞能讓你捧腹大笑的表演或許有幫助；如果你心中充滿怨氣，或許可以嘗試看一部恐怖電影，或是和你愛的人（或者愛你的人）聊聊天，又或者只是簡單地想想這些人，都可能對你的情緒有所助益；如果你正在生某人的氣，那麼懷著悲憫之心去看待對方，或許能改變你的情緒。

關注此時此地

吞噬你的情緒有時候源自你對未來的擔憂。你可能還在上大學一年級的課程，卻總是想著如何獲得一張大學文憑；或者你才剛剛開始找房子，就在想如何搬進新家；又或是對於該如何度過本週剩下的時間一直感到焦慮。

為了幫助自己客觀看待處境，你可以想像一下，一個還不識字的小孩總想要讀大學課本，這會是怎樣的感覺。任何時候如果你都只想著最終目標，你會非常容易被情緒控制。換個角度來說，如果你只關注當下正在做的事情，那麼你的情緒管理就成功了一半。

當然，每天發生的事情可能會導致你產生一連串無法控制的想法和情緒。例如：「我姐姐羞辱了我，我該如何度過今天剩下的時間？」答案還是一樣：關注此時此地。如果接下來你要去雜貨店購物，那麼就專注在購物單上的每樣東西。只專注於當下要做的事，這樣情緒對你的侵擾就會大大降低。

讓自己放聲大哭

如果你是高敏感情緒的人，你可能特別愛哭，但你又怕愛哭的習慣會暴露出自己的性格。其他人對你可能會有這樣的反應：你真是個愛哭鬼。為此你給自己一個負面的自我評價——愛哭的行為證明了自己有多脆弱。其實，哭泣是面對強烈情緒的方式之一，哭泣是有很多原因的。

首先，哭泣被認為是一種合作行為——一種促進和平與友誼而不是帶來困境的行為，哭泣是告訴他人你不想打架和吵架。畢竟，哭著打架無法表現出你真正的戰鬥程度。

其次，哭泣表示你願意在這段關係中顯露出自己的脆弱，說明你很容易受到傷害，這是親密關係中一個必要的部分。哭泣是在向他人表示：你的心理圍牆已經坍塌，你已毫不設防，這是一個能讓彼此的關係更靠近的好機會。這樣看來，哭泣可以幫助你建立親密關係，讓你的人生活在幸福和滿足中。

第三，哭泣經常會讓你獲得他人的幫助和安撫，大多數人看到哭泣的人都會出於本能去安撫幫助。事實上，哭泣被廣泛認為是一種憂傷的表現（這也是為什麼在有些文化裡，哭泣象徵脆弱）。

第四，哭泣是不同情緒的表達方式。人們可能會一直笑到哭，他們因為開心而哭，也會因為恐懼、悲痛和憂傷而哭。有些人在生氣時會哭，而有時候你可能發現，自己會因為一些不可名狀的情緒而哭。

最後一點，哭泣可以幫助平復自己的內心。從眼淚和大腦裡所釋放出來的化學物質可以幫助你改善情緒。讓自己哭泣是一項積極應對情緒的技能。

練習情緒急救

請用一週的時間來練習本章裡討論過的技能。在你心情好或不好的時候練習，然後寫下你是如何使用這項技能，以及這個技能是如何發揮作用（或它是如何沒有效果的）。你會發現，閱讀此書的同時配合幾週的情緒練習，就更能強化這些技能。

找到情緒根源

你如何使用這項技能：____________________

這個技能如何發揮作用：____________________

不要滋長痛苦情緒

你如何使用這項技能：

這個技能如何發揮作用：

學會休息

你如何使用這項技能：

這個技能如何發揮作用：

記住「重要的事」

你如何使用這項技能：

這個技能如何發揮作用：

創造一個不同的情緒

你如何使用這項技能：

這個技能如何發揮作用：

關注此時此地

你如何使用這項技能：＿＿＿＿＿＿＿＿＿＿＿＿

這個技能如何發揮作用：＿＿＿＿＿＿＿＿＿＿＿＿

放聲大哭

你如何使用這項技能：＿＿＿＿＿＿＿＿＿＿＿＿

這個技能如何發揮作用：＿＿＿＿＿＿＿＿＿＿＿＿

本章總結

敏感的情緒能夠讓你喪失理性，使你偏離原本的生活軌道。關注和理解情緒是如何反應、如何影響自己的生活，這個過程也許會讓你感覺不適，但是這樣做會幫助你管理自己的情緒。在這一章裡，你學會了一些綜合的應對策略，現在繼續往下了解更多有效管理情緒的方式。

第三章

基本原理真的有效

你大概早已知道，或從母親、醫生、雜誌以及健康新聞等途徑熟知：充足的睡眠和充分的運動很重要。你要持續每天做到以上這些基本概念，唯有如此才能提高管理情緒的能力。我們在生病、疲勞或飢餓的時候會缺乏情緒控制力。如果你是高敏感情緒者，你比其他人在相似情況下更容易情緒衝動，因此照顧好自己尤其重要。

情緒衝動不僅會經常干擾健康的日常作息，像是規律的睡眠和運動，也會使你的生活缺乏條理。花些時間好好關注自己的身體健康、打理自己的生活，這樣你的生活品質才能超乎想像地提升，而不是只在理性上知道做這些事的重要性。

睡眠要充足

充足的睡眠能幫助你的大腦在許多方面更有效運作。

首先，睡眠是唯一能讓你的前額葉皮質得到休息和恢復的機會。大腦前額後面的這個區域能幫助你控制情緒、分析形勢，還具備預測某些行為後果的能力，例如辭職後會怎樣，或者指責逃避你的朋友會怎麼樣。也就是說，前額葉皮質對於你做出適當的決定有極重要的作用。不管你是在沙灘上休息，還是在閱讀一本書，或是在聆聽音樂，你的前額葉皮質都在工作，而且是馬不停蹄地工作，除了睡覺的時間。

其次，睡眠期間，你的大腦能夠將各種想法串聯起來。如果你睡覺前一直惦記著一個沒有結果的問題，經過一夜的睡眠，或許就能想出這個問題的答案。可能你一覺醒來就想出該如何填寫一首歌曲的歌詞，清楚知道該如何安排共乘汽車的時間表。

最後，睡眠能幫助你提高對刺激的耐受性、更容易解決問題、能更理解社會暗示和心理靈活性。如果晚上睡了一個好覺，你可能會發現自己更能理解其他人的想法，更能適應日程計畫的改變。

如果睡不好

假如你是高敏感情緒者，情緒會讓你很難得到休息。你可能會因為憂慮過度難以入睡，或過早醒來後再也無法入睡，又或是徹夜難眠。

缺乏充足睡眠代表你會更難管理自己的情緒，更難做出有效的決策，你會因為疲勞而對一些小事反應過度。當睡眠不好或不充分時，記憶力、注意力和專注力可能會出現問題，解決問題的能力也會因此下降。你不能理解新訊息的含義，思考變得僵化。睡眠不足會讓你的認知不再積極樂觀，你會變得憂鬱不振，壓力閾值也會下降，即使是日常的工作都會讓你變得情緒衝動，無關緊要的小煩擾都會被你放大。對你來說，可能連開車去一公里外的商店買牛奶都是非常沉重的任務，你也無法有效安撫在商店裡大聲尖叫的孩子。

認知的靈活性是讓人在困境中能夠重振旗鼓的重要因素，充足的睡眠也是讓它正常運作的部分原因。認知的靈活性是指，你能覺察到各種不同觀點，能根據不同的新訊息和形勢去改變你的想法。例如，你因為先生回家晚了不高興，當你知道他是為了幫助朋友換輪胎而耽擱時間後，你改變了自己的想法。但是當你睡眠不好時，你會傾向讓自己陷在不良的情緒中，即使知道事情真相，你也不能很快調整好情緒。如果你的思維難以接受並適應新訊息，會更容易被情緒掌控。

當你沒有充足的睡眠時，會失去自我判斷的能力——你無法確認目前的行為是有助於問題解決，還是讓問題更糟糕。例如，儘管你不知道朋友的心情為何變得更加沮喪，你還是不明就裡一直向他道歉，而真正的原因是，你總是說令他沮喪的話。沒有充足的睡眠，你也很難理解他人的觀點。例如，你兒子認為你開車送他上學會毀了他的人生，你卻對他的想法無動於衷。所有的這些問題會讓你和你所愛的人之間產生更多分歧。

如何擁有好的睡眠品質？

解決睡眠問題雖不是一件容易的事，但是解決了會對你的身心大有裨益。相對於其他問題，睡眠問題不是馬上就能解決的，它需要循序漸進，而且解決的效果會隨著時間越加明顯。一旦在情緒管理能力上有重大進步，你就會覺得為此付出努力是值得的。

創造一個讓人舒適的睡眠環境

周圍的環境對睡眠的影響超出你的想像。下面的指導方針能幫助你把臥室變成一個舒適的修身養性之所。

最好的睡眠環境要根據你的喜好來安排。如果將的臥室裝飾成自己喜歡的樣子，它會讓你感覺更加平靜、更容易入睡。此外，布置整齊和潔淨的房間比雜亂不堪的房間更容易讓人放鬆下來。

你會更喜歡一個讓人平靜且感覺安全的環境，最好不要在房間裡放一些會引發極端情緒的物品，而應該放些具有積極寓意的東西，像是圖畫、傢俱、書籍等。此外，你要將所有會讓你感覺不開心、緊張或有消極意義的東西統統拿走，例如你不喜歡的家人睡過的床。

如果可能，你可以把臥室打造成一個無壓力區域。不要在臥室裡做任何會給這個空間帶來緊張氣氛的事情，例如工作或與工作相關的行為活動。一旦你開始把臥室的功能只定位在休息和睡覺，你的身體和大腦會迅速明白臥室是一個讓你放鬆的地方。

想要睡一個好覺，身體感覺舒適是很重要的。若財務預算允許的話，你可以花點錢買些自己喜歡的墊子和枕頭。在商店裡試試不同的墊子，看看哪種墊子讓你感覺最棒。

大多數人在黑暗的房間裡睡得最好，如果晚上無法擋住臥室外的亮光，那麼就嘗試戴眼罩。舒適的室溫也會讓你睡得更好，對大多數人來說，晚上比較適宜的室溫最好在攝十八度至二十二度之間。如果你的雙腳感覺冷，就穿著襪子睡覺。

有些人在安靜的環境下睡得好，有些人卻在有噪音的環境下睡得更沉，像是開著低音的收音機或電視。你可以嘗試一下寂靜的聲音、輕微的聲響和令人平靜的音樂，看看哪種聲音會讓你睡得更好。你還可以嘗試播放有聲讀物，雨聲、海浪聲或其他大自然聲音幫助自己放鬆。當然你可能更喜歡帶著耳塞睡覺。

合理規劃生活作息

在睡覺前的一兩個小時內，做些讓自己感到安寧和心靜的活動，這有助於快速入睡。如果你經常在晚間運動，你可以考慮將運動時間提前。儘管運動會使你疲倦，但在剛運動後的幾小時內是很難入睡的。還有一些事情會讓你更難入睡，例如觀看恐怖電影或令人感傷的節目、完成工作或與工作相關的事情，以及思考問題，甚至新聞節目都會導致你難以入睡。即使你關掉電視機和電腦，之前發出的光線還是會讓你清醒許久。反之，嘗試閱讀一本書或是一本輕鬆的雜誌，聽聽令人平心靜氣的音樂，做一些智力題目，或者和家人聊天，這些可能都有助於你入睡。

在就寢前一個小時甚至更早，將房間光線調暗，穿上寬鬆舒適的衣服，這些對入睡都有幫助。如果淋浴或洗澡能讓你心情平靜，那麼你也可以將這些事做為日常就寢的作息安排。如果沐浴對於你入睡沒有什麼幫助，可以在就寢前三十分鐘做晚間的清潔工作，像是洗臉和刷牙。如果每天晚上都做同樣的放鬆活動，你的身體就會更習慣日常的作息規律，在你做完這些事情後，會開始感覺很睏倦。這對你每天在同時間就寢和起床也是有幫助。

調整入睡前的情緒狀態

躺在床上不能入睡是種讓人不愉快的體驗。這時候，你可能滿腦子想的是：再不睡著明天早上就會很疲勞。然而這更加重了你的煩悶，或許，你之所以睡不著，是因為明天有個特別的事需要完成，你擔心自己不能保持最佳狀態。你越是厭惡自己不能入睡，就會越難入睡。

減少「難以入睡」給你帶來的不適和緊張感，最重要的一步是接受「自己沒有睡著」的事實。你可以改變想法：我恨我自己不能睡著，並且希望這個不是真的，我仍然可以休息。同時嘗試釋放肌肉的緊張感，比如漸進式肌肉放鬆法（見第二章）可以降低焦慮，幫助你的身體得到放鬆。

可能在你躺下睡覺時，所有的憂慮都開始湧入腦海。如果你的情緒被激起，或者無法停止思考問題，就試試觀想（見第二章）。接下來，讓你的大腦專注地做一件事情，比如從一百開始三個三個地倒數，或是根據字母表上的每個字母想一種不同的動物，用心去做這些事（見第四章）。

當你發現自己躺在床上時，各種想法就會在你的腦袋裡飛速運轉，你對某件事憂心忡忡，惦記著要做的事情，思考如何採取行動。這時，你可以嘗試在床邊放一支筆和一張紙，記下腦中的所有想法。有時候最好記下你要在何時關注自己所關心的事。例如，你計畫在隔天上午十點全心解決一直困擾你的問題。這種簡單的行為通常能有效幫助你擺脫腦中反覆出現並影響睡眠的想法。你可能會感受到即刻的解脫，轉眼很快就入睡。

引導式心像法的音頻可以幫助你將注意力放在讓你愉悅、放鬆的體驗上，而不是縈繞在你腦中的憂慮或問題上。讓聲音引導你，想像自己漫步在軟綿綿的美麗沙灘，這種方式比單靠自己進行觀想的效果要好。你可以請一位朋友或你的愛人為你做引導式心像練習的錄音，這對你更加有效。

限制咖啡因和酒精的攝取

對一些人來說，在喝咖啡和酒之後的一段時間裡會很難入睡，或可能無法好好睡上一整夜，或兩者都有。有些喝過咖啡和酒的人能很快入睡，但是他們會醒得很早，醒來後就無法再入睡。如果你不是難以入睡而是睡眠時間短的話，你可能就意識不到咖啡因和酒精對身體和睡眠的影響，有時你恰好在睡覺前飲用，此時的影響會更甚。如果你想用睡眠來幫助自己管理情緒的話，那麼你可以嘗試一週內減少酒精和咖啡因的攝取量，然後看看會發生什麼改變。

解決藥物問題

和醫生談談你的睡眠問題，他可能會給你推薦專家，由專家來評估你的睡眠障礙。例如睡眠呼吸中止症，這是一種普通的睡眠障礙，也就是睡眠期間會出現呼吸緩慢或不規律的症狀。睡眠呼吸中止症不僅會攪擾你的休息，而且會帶來嚴重的健康問題，它與憂鬱症有緊密的關聯。和醫生諮詢，看看服用的藥物是否會干擾你的睡眠。一旦抗憂鬱藥物對你的睡眠有影響，醫生會協助換藥或建議你在早上而不是晚上服用此藥。醫生也會和你談論其他解決方法，像是增加有助睡眠的處方藥。

非處方安眠藥可能對失眠很有幫助，例如人工合成的褪黑素補充劑。普遍認為，使用低劑量的人工合成褪黑素補充劑是安全的，這種藥物可以幫助你控制睡眠覺醒週期的激素，但是這種藥劑也有副作用，它會導致體溫降低、晨起噁心、血壓的輕微改變及活躍的夢境，當然這些副作用會隨著停止服用補充劑而消失。

寫睡眠日記

用睡眠日記記錄你睡覺和醒來的時間以及其他相關的訊息，例如上床睡覺前的活動、每天喝多少量的咖啡。保持這個習慣，當你寫下幾週的睡眠日記後，這就能幫助你找到提高睡眠品質的方法。

當你第一次開始寫睡眠日記時，不要急著改變任何睡眠習慣，先用一週時間簡單了解自己目前的睡眠習慣。記下每晚的睡眠小時數，還有上床就寢和醒來的時間，然後準確計畫你要如何改變臥室、怎樣調整就寢前的活動和作息、怎樣控制攝取的咖啡因和酒精量（參考上面的建議）、怎樣解決現有的藥物問題、怎樣管理破壞性情緒和想法等，一定要具體詳實地記錄。下面的睡眠日記範例或許可以指導你制定出自己的睡眠計畫。

一旦開始制定睡眠計畫，最好能堅持執行四週。在這四週裡，每天都要記錄睡眠日記（可以使用下面的表格）。你可以在表格中增加一些你認為重要的活動，例如你會在每晚上床睡覺前洗澡、減少看電視和電腦等。你越嚴格執行你的計畫，就越可能得到你想要的結果。

在每一欄的最後記錄你睡了幾小時，以及第二天醒來時精神狀況，數字0表示早上精神狀態最差，數字5表示早上精力狀態最充沛。

	範例	週一	週二	週三	週四	週五	週六	週日
設定就寢時間	完成							
按時睡覺和起床	是							
早晨運動	是							
清淡的晚餐	沙拉和雞肉							
咖啡因的量	2杯							
酒精的量	一杯葡萄酒（6點喝）							
睡前的舒緩活動	閱讀							
平靜情緒	引導式心像法							
昏暗的房間	是							

舒適的室溫	是							
讓大腦從事單調的任務	不需要							
觀想	是							
寫下反覆出現的想法	是							
噪音／安靜	雨聲							
接受自己不能入睡的事實	是							
睡眠時間	8小時							
醒來時的精力充沛度（0-5）	4							

四週後，你可以評估結果。是否增加了睡眠時間或提高了睡眠品質？你可能會注意到你的精力變得更加充沛，每天都很有活力，午後低潮期也沒有了。用四週時間執行一個新的睡眠作息並不是很長，但如果你發現自己雖然有了一些積極改變仍沒得到充足睡眠，那麼你還要再做兩週的睡眠日記。假如你的問題依舊，你就需要找醫生談談了。

運動

運動是控制強烈情緒的最好方法之一。身體保持健康能幫助你調整情緒，它的作用與藥物一樣，甚至比藥物還更有效。原因如下：

- 運動可以分散你對所困擾之事的關注力。
- 運動可以減少肌肉緊張。
- 運動可以增加和平衡體內的血清素、多巴胺和正腎上腺素（這些是情緒的重要神經傳遞物質）。
- 運動可以提升你的恢復能力，因此可以更加有效控制情緒。
- 運動可以讓你感覺生活不再受限，自己不再無能為力。

運動除了幫助你管理情緒外，還可以幫助提高學習的能力、注意力、適應力和受挫後的恢復能力。在你訓練新的應對情緒技巧時，如何處理好新訊息、如何從毫無效果的選擇中恢復，這些顯然也很重要。

運動還能增加你的認知靈活性。正如之前討論過的，當你要理解一個情境時，認知的靈活性有助於你整合該情境的新訊息，使你能夠運用新的策略解決問題，並能有創意地利用訊息。

堅持運動可以幫助你緩解壓力或修復身體帶來的不良影響。當你感覺壓力很大時，身體會產生皮質醇，它是能使你對外界保持高度警覺的激素，它會充分調動你身體裡的所有能量，隨時應對迅速而來的人身威脅。儘管我們大部分的壓力來自心理方面的威脅、情緒的威脅和對未來的焦慮，但是身體為此做出的反應就像是身體本身受到了威脅一樣。假如你的身體的確遭受到威脅，你可以透過劇烈的身體行為（如戰鬥或逃跑）來釋放並降低體內的皮質醇，但是如果威脅是來自於心理、情緒或者想像，那麼你無法採取以上行動，所以此時你體內的皮質醇含量會比較多，且一直處於緊迫狀態，最終你很難進行理性思考，因為你的身體已經蓄勢待發，不再聽從理性，這會讓你總是覺得自己危機四伏。假如你一直處在壓力下，釋放的皮質醇和其他壓力荷爾蒙也會干擾你身體的機能，從而導致心臟病、焦慮症、憂鬱症、體重增加、睡眠障礙和記憶力受損等問題。

運動能有效幫助你管理情緒。有些人可能已經發現，連續六週不間斷地做有氧運動能降低焦慮程度。而且，如果你選擇的活動是自己喜歡的，還能樂在其中，你的注意力、學習能力及身體的健康狀況都能夠提高。此外，如果能有規律地運動，你管理情緒的能力會更加有效。

對你來說，重要的是要能判斷哪種類型的運動能發揮最好的作用。只有符合你喜好和生活風格的運動，才最可能讓你自己主動開始運動並堅持下去。

思考你的運動風格

以下問題能幫助你更具體地思考自己最可能進行的運動。寫出你的回答。

1. 你覺得自己一個人運動更舒服，還是和朋友一起運動更舒服？

2. 你喜歡競賽嗎？

3. 你喜歡固定一種還是多種不同的活動？例如你是只想上舞蹈課還是想要多樣化？有沒有真正喜歡且想要學習的運動，像是拳擊或攀岩？

4. 你喜歡在早上還是午後運動？

5. 你是否願意在日常工作中運動，而且不使用特殊裝備、沒有事先預定的時間？

獨自運動

如果你願意自己運動，可以考慮為自己制定一個運動計畫。寫出兩種或三種運動項目，每一種運動項目都需要一週五天、每天三十分鐘。你可能打算進行這些運動：伸展跳躍、直腿觸足捲腹、原地踏步、跳繩或搖呼啦圈。假如你不想自己制定運動計畫，你可以按照健身雜誌、書籍和影片裡經常提供的運動作息表進行運動，瑜伽也是一個不錯的選擇。此外，在你居住的社區周圍、公園或是在學校田徑場上走路，都是很好的選擇。

利用競爭精神

如果你有很強的競爭意識，你可能會想加入一個運動隊或是運動聯盟，例如美式壁球隊、保齡球隊和網球隊。或許你更願意和朋友挑戰為期九十天的運動，看看你們最後是否能一起完成。你也可以和自己競賽，看是否可以提高運動量或比上週走得更遠。

運用零散時間

你其實有很多方法將運動排進日常作息裡。步行去查看信箱時，你可以來回多走幾次；把車子停在離目的地大門遠一點的地方，然後快步從停車處走到門口；在上樓時選擇不搭電梯走樓梯；在購物結束後，當你要把購物袋拿到車上時，可以做上下抬舉購物袋的動作；或看電視時做抬腿及其他運動。

制定運動計畫且務必執行

該是動起來的時候了！那麼，你要做些什麼呢？把下週的計畫寫下來，你可以直接填寫在下面表格。寫得越具體，就越有可能堅持到底。開頭就寫上「今天早上九點去體育館，然後在跑步機上走了十五分鐘」，這樣寫會比開頭只寫「開始運動」還要好。

你可以隨身攜帶這個計畫表，或使用手機的App來監測運動的執行進度，或是將你的計畫表貼在冰箱上，提醒自己要堅持，然後做圖表來記錄你的計畫進展情況。追蹤記錄新的行為能幫助你堅持到底，並形成健康的新習慣。

	運動	所用時間
週一		
週二		
週三		
週四		
週五		
週六		
週日		

你要找到能讓自己保持積極狀態的方式。可以設想你的健康將在三個月後大幅度提升。如果每週都能成功執行計畫，就在運動後款待一下自己，例如喝一杯最愛的茶、看最喜歡的電視節目。

有時你會有些洩氣和氣餒，但你要記住，任何一種新習慣的形成都是困難重重的。當你開始運動時，你可能發現身材嚴重走樣。事實上，你之所以逃避運動的部分原因，就是不想面對自己身材走樣的現實。對一個運動的新手來說，有羞愧感和偶爾的尷尬在所難免。此外，在剛開始運動時，身體雖然活躍起來，但並不一定讓你感覺很好，因為你的肌肉會痠痛，此時你只希望坐在躺椅上放鬆休息。你有很多的理由和藉口不參與運動，但你要記住：有規律的運動會讓你獲益匪淺，即使只是繞著街區走幾步路，或是雙手分別舉一瓶水十次。相信自己，你能做到的！

安排一天的時間

高敏感情緒者經常會說，有系統地安排一天的時間能幫助他們完成這些活動，例如為某些活動做時間規劃。因為從某種程度來說，按照規定的時間去做一件事比「我會馬上去做」這種模糊的說法更容易被重視。完成一項規劃明確的任務通常會讓人情緒滿足（或是寬慰），而且可以避免最後一分鐘才完成時會產生的驚慌失措。一旦有了計畫，當你約會、上課、參加活動、與人會面時，就不會總是關注自己的情緒了。

注意，你可能喜歡為每天的每小時都做詳盡的計畫，好讓自己感覺充滿活力，但這樣很可能會被事無鉅細的計畫壓倒。而且，很可能低估或高估做事的時間以及一天裡你能完成的任務數量。因此，制定嚴格的日程安排會給你太多限制與束縛，這使得你不僅沒有感到得心應手，反而壓力倍增，這樣的計畫就適得其反了。無所事事會導致你無精打采、悲傷失落，但把自己的日程安排得太過詳盡，會讓你因為沒有充分的時間完成一件想做的事而焦慮萬分。你需要考慮到所有的因素，在時間和事情之間實現合理的搭配，當然了，這個過程必定會經歷一些失敗和錯誤。

制定合適自己的計畫並確實執行

制定一個具體的計畫表，裡面需要包括很多在家裡和戶外進行的活動。儘量用一週的時間執行這個計畫表，然後制定另一個計畫表，其中安排的是每天要做的事情，並且也要按照此表堅持做一週。

如果你不用外出工作，你的第一個計畫表應該是這樣：

09：00 睡醒，吃早餐，回顧計畫表
10：00 運動
11：00 淋浴和穿衣
11：30 必須完成的任務：去商店購物、打掃房子、處理帳單等
13：30 午餐
14：00 做志工，找工作，學校的課程學習，閱讀
15：00 創造性活動：寫作、繪畫、製作珠寶、煮飯、園藝等
16：00 聯繫朋友，拜訪鄰居，打電話給家人
18：00 晚餐

你的第二個計畫表可以為兩或三件事情設定時間，或只是寫一個簡短的事務列表，不設定完成它們的具體時間。

兩種計畫表執行一週後，進行一次評估，看看哪種表更有效果。

按照計畫表行事是一件很有挑戰的事情，但它可以幫助你更有效地計畫時間。如果你太

忙了，那你就需要放棄一些活動；相反地，如果你空餘的時間很多，你就需要在計畫表裡增加更多內容。

關注周圍的環境

高敏感情緒的人經常對周圍事物的反應特別強烈。如果你是高敏感情緒者，你可能在喧鬧的人群中會感覺不適，或不喜歡待在封閉的空間裡。一個髒亂不堪的房間可能會讓你煩躁不安，讓你更消極地看待自己，也會導致你情緒失控。

舉個例子，廚房的水槽堆滿了髒兮兮的餐具，客廳裡到處是喝過的玻璃杯，地板上四處都是書和報紙，臥室裡的衣服散落在傢俱上，這會給你什麼感覺？你在這種場景下會有什麼樣的情緒？

假如一間凌亂不堪的房間讓你心煩，很可能是因為，在你眼裡混亂顯示出你缺乏自我價值感；還有一種可能是，家裡的凌亂狀態代表你已經失控，你無法管理好自己的生活；或是家裡的現狀可能也反映了你的冷漠或無力。鑒於上述的理由，每天看到家裡髒亂不堪，會漸漸影響你對自己的看法。此外，如果在自己的房間一片狼藉時邀請別人來家做客，那麼凌亂不堪的房間會將你和他人的距離拉得更遠。

「等一下」，你或許在思考，「我的房子一片狼藉」，因為「我已經感到悲傷、憂鬱、恐懼或是失控」；「我的房子一片狼藉」，因為「我感到無助」；「我的房子一片狼藉」，因為「我很敏感，我花了所有精力來管理情緒」。

你有這樣的想法完全可以理解，但問題是，一間亂糟糟的屋子會讓你情緒更加消沉，讓你缺乏自尊感，讓你內心充滿無力感、無所適從。這只會讓事情變得更加糟糕。

如果你的房子又髒又亂，或許可以讓自己這樣想：「又髒又亂」的行為是被允許的。想像你坐在客廳裡，一邊坐在電視機前看電影，一邊吃著最後剩下的冰淇淋和爆米花，房間的地板上到處都是報紙、喝完的汽水罐及四處丟棄的糖果紙，還有各種繳費單七零八落地躺在咖啡桌上。電影結束時已經很晚了，垃圾食物讓你倍感慵懶，你怎麼可能還會把湯匙放進洗碗機、扔掉冰淇淋盒子，然後把沒吃完的爆米花收起來呢？你怎麼可能還會去繳帳單？

如果你的房子乾淨整潔，你就很有可能會立刻打掃房間並且去繳清帳單。即使當天晚上你實在不想做這些事，你第二天也會把這些事一併搞定。

做些小小的改變，讓你的家變得舒適和有意義。你可以每天花十分鐘的時間打掃一間房間，考慮到你每天都是在臥室醒來，可以先從臥室開始打掃，早上打掃十分鐘，然後晚上再打掃十分鐘。另外可規劃週一洗衣服、週二洗碗。如果你家東西太多，那麼你可以考慮分類整理好，將重要的東西保留，其餘的都送走。

你要讓自己的計畫簡單易行，並且能夠隨時監測計畫的進展情況，還有獎勵自己完成的每一步。

本章總結

根據我的經驗，照顧好自己的身體、有系統地安排好時間、規劃好生活環境，這些都是管理好情緒和創造幸福感最重要的幾個步驟。然而，想要做到讓自己睡得更好、做更多的運動以及把生活規劃得更合理並不容易，一旦做不到，你就會開始懷疑這些事的重要性。假如你正揣測：「是否有一些新的治療方法或藥物效果更好？」那麼我建議你還是要在生活中親自執行本章介紹的方法，看看它們是否可以讓你的生活變得更有意義。

第四章

用正念管控敏感情緒

正念是許多心理療法的內容之一，它是一個較容易理解的概念，但實踐起來比較困難。

正念療法創始人喬恩・卡巴—金（Jon Kabat-Zinn）把正念定義為「用一種特殊的方式進行專注，有目的地活在當下並不帶批判」，也就是說，你要將注意力放在此時此地。如果你正和丈夫在用心吃飯，你的注意力就應該放在你丈夫身上——這是你想關注的地方（就是定義中「有目的」的意思）。你只需要關注你能關注到的事物，不帶任何判斷。緊接著，你或許注意到你丈夫說話時面帶微笑的表情，這是一種觀察，然而如果此時你認為他像一個傻瓜的話，這就是一種批判。

將注意力放在觀察的事物上是一種令人驚奇的能力，這種能力在很大程度上會影響你的幸福感。一旦你開始把思想放在此時此地，你就會感覺整個人更加平靜、壓力越少。

然而，人們一般是不會自動變得專注。我們的想法會在不同的問題間跳躍，而且經常漫無邊際。我們的大腦經常會遊蕩在過去，反覆想著自己無力改變的各種負面事件，或是想到未來，擔心還未發生的各種壞事。假如你是高敏感情緒者，你的想法和強烈情緒經常會讓自己很難專注於「當下」。你的自我意識很強，而且對可能的情感威脅保持高度戒備和警覺。你的大腦需要經過訓練才能做到專注在此時此地。只要你努力練習，終會得到回報。

你可以學習專注於身外的事物，例如人、物品或聲音，以及你的內在體驗——你的想法、感覺和情緒。專注在內在體驗會幫助你暫時遠離情緒，不再被情緒所困。當你專注於自己的內在體驗時，你就能夠在情緒、想法和行動中留出緩衝期，讓自己有時間做出深思熟慮的決定；當你專注於某個事物時，你就不會讓自己迷失在對未來的憂慮中、或是對過去的悲傷中，你會接納自己和他人，不再被情緒掌控。

儘管對內在體驗的關注的確能帶來很多好處，但你可能仍舊不願意深入觀察自己的情緒，尤其是痛苦情緒。不管如何，用正念管控自己的情緒是一個重要的技能。

正念觀照所有的情緒

大家很容易相信：痛苦情緒的出現——像是悲傷和傷心，往往意味著你肯定做錯了什麼。很多人能在大部分時候表現得很開心，即使他們確實遇到了問題，他們也能迅速且輕易地解決問題，就像電視裡的某個人物，看似能在一個劇集結束前解決所有的困境。大眾書籍和電影都在宣揚幸福結局的神話，即使故事裡的人物面對的是排山倒海的困難；商業廣告會讓你相信，如果你選對了車，或是用對了除臭劑，你就會快樂；生活中有些人會給你一些建議，例如去找份工作、去找一個靠山或是停止不安的心情，他們覺得要是你聽從了他們的建議，你的人生就會變得更加富足。上述的這些情況會讓你以為：別人都能駕輕就熟擺平你一直在力求解決的問題，你自己的能力遠遠不及他們。如果你是高敏感情緒者，你可能已經在害怕不良情緒將帶給你的痛苦、悲傷或孤獨，這些念頭讓你變得不尋常、一敗塗地，你甚至感覺自己「瘋了」，這樣的念頭會讓你更想體驗快樂，而不願體驗其他任何情緒。

每個人都會在人生的某些時候感覺難過、孤獨、憤怒和傷心。我們不可能解決現實生活中的所有問題，尤其是一些需要經歷漫長時間才能得到改善的問題。更何況，我們還會憑空給自己製造更多的痛苦，例如和那些比自己優秀的人做比較，或藉由追逐物質滿足的方式來改善自己的情緒。

要是……那我就會快樂

你可能會認為，你現在感到幸福是因為你達到了自己的目標，獲得了財富；你可能會認為，你將在擁有了金錢、升職加薪或是為人父母時感到幸福；你也可能會認為，「只要找到了我愛的人，我就能明白什麼是快樂」。可是問題在於，當你在展望未來的幸福時，當下的生活已經不平靜。即使完成了所有的心願，得到了想要的一切，你也未必會得到滿足。

你可能認為，像其他人那樣思考和行事才能獲得幸福，於是你學習別人的生活模式。你認為幸福的前提就是做到別人已做到的事，學會如何「恰當」地生活。這顯然是拿自己與他人做比較——通常你信賴的人都是比你優秀的人。你大概會拿自己與事業／行業領域中的某個高層人士，或自己認識的最成功的人相比較，像是你可能會拿自己和一個每天都運動的同事比較健康狀況。當你和那些最優秀的人相比時，你會對自己更加不滿。

正念會讓你活在當下，不需要對自己、自己的經歷、自己的情緒或者其他人進行批判。練習正念會幫助你不再感到痛苦，因為這些痛苦的根源就來自於比較，以及對自己情緒的批判。

找到一個平衡

有時候，你的思想完全是負面消極的，例如，你會認為你的生活看起來是一場嚴酷的鬥爭，而別人的人生卻充滿了歡樂，這讓你感覺悲傷和憤怒。你可能只關注讓你感到快樂的事情，像是能去某間學校讀書，或是在某個日子結婚，一旦你無法做到這些事，你就會感到絕望。

想一想，如果你認為幸福是一個「是」或「不是」的命題——要麼幸福，要麼不幸福，這就像是只用一種顏色來描繪你複雜而多變的人生風景，往往會導致你深陷於悲觀情緒中。如果你只關注自己生活中出現的艱難困境，你就會變得沮喪。例如，如果有人在機場很粗魯地對你說話，你便無法好好享受那幾個小時的假期。

若能完全意識到經歷中的所有真相，你就能平衡好自己的情緒。如果你喜歡關注困難，或是眼裡只有困難，那你就要學會記住困難的積極面。列出一個情境的積極和消極面，然後權衡這兩方面的真正意義。隨後，去關注積極的經歷中所有的細節，而且要多次且全神關注地回顧積極正向事件裡的點滴細節。這個過程能夠幫助你看到事情的全局，而不會過於關注事情消極的一面。

你可能對一些事情有所期待或不期待。你可以想像你受邀參加一個許久未見的朋友舉辦的午宴，你急切地想要看到他，期盼見面的那一天。接著，你想起之前最後一次和他共進午餐時，他告訴你他的工作進展順利，提到他剛買的新公寓。於是你開始和他比較起來，結果你認為自己過得遠不如他好。你記得每次遇見這個朋友，你都會和他比較。回想起這些後，現在你不再因為能到他而感到激動，你真希望自己沒有接受他的邀請。你最初看到的是事情的積極面，可是最後體驗到的是事情的消極面。

用心關注人際關係中的所有要素，能幫助你平衡自己的情緒。在上述的例子中，如果你不僅意識到自己對即將見到朋友感到激動，而且也意識到你喜歡和他做比較，這樣的覺察就能幫助你保持情緒的平衡。在你和他見面之前，如果你能關注事情的整個過程，就能拋開所有的自我批評並做好見面的準備。

如果想減少情緒的起伏不定，你就需要做到：無論心情是好是壞，你都能關注到事物的兩面性——積極面和消極面。

不能只是覺察到一種情緒

如果你想關注自己正在經歷的所有情緒，就要留意不同強度的情緒。儘管在任一時刻都會有一種情緒占主導地位，但是我們經常會體驗到多種不同的情緒。你可能會因為在另一個城市找到一份新工作而感到高興，但是你同時也感到難過，因為你要搬家並離開好友們。你有一點害怕搬家，因為這為生活帶來了挑戰。你還生怕被人誤解，以為你在炫耀自己的好運。如果你只關注其中的一種情緒，你就會丟失重要的訊息並造成情緒失衡。當你只意識到一種情緒時，問問自己是否還能感覺到其他情緒。

學會暫停情緒

如果你想讓自己做到三思而後行，你要先去關注自己的想法及情緒，然後停一小段時間後再決定採取何種行動，這中間就是一種情緒暫停期。這對你來說很難，因為這麼多年來，你都是一有情緒就採取行動。透過正念訓練，你可以學會覺察你的內在體驗，如此你才能學會去觀察情緒、不會被情緒完全困住。你要先做到把情緒表達出來，說「那是憤怒」或者「那是傷心」，而不會一有情緒就立刻採取行動。

想想自己在情緒化之後的後悔模樣，你就會發現正念的幫助很大，即便這個方法只會減少一些後悔的次數。在正念的幫助下，無論你何時經歷情緒的暴風驟雨，你都不會再心神不定，或是盲目地衝進情緒的暴風雨中，而是能夠先觀察自己情緒激動的樣子，然後等待大腦再次變得清晰，這個過程能幫助你在採取行動前做到審慎思考。

當你練習覺察自己的情緒、觀察並接受現實的時候，能做到不帶有任何批評或主觀詮釋，那麼你就能變得溫和且有效管理自己的情緒。然而對你來說，開始和維持正念的訓練會是一個挑戰。

正念練習

你不需要透過冥想進行正念練習。在通常情況下，開始練習正念的最好方式是「專注於物品和行為」。

對物品的專注

對物品的專注就是聚精會神於你身外的東西，任何時候你都可以進行這個練習，因為你的周圍總是有各種物品可以讓你關注。當你感覺到自己被各種想法和情緒控制時，就可以試試下面的練習。

每日用品的正念練習

在房間裡任意選擇一個物品，用三分鐘的時間全神貫注於此物品，你要確保自己是確實地看著它。例如專注於一支鉛筆，你可能注意到它的質地和隆起的地方、它的形狀、筆頭是禿還是尖、它的顏色、你拿著它時的感覺，以及筆桿的粗細。

你或許會發現，當你盡力想要維持對這個物品的專注力時，你的思想會跳躍到其他事情上。你會想到你的孩子、想著報稅的事情、琢磨著待完成的工作計畫、想起一個生病的朋友，以及明天要來你家吃晚飯的客人。缺乏專注力會讓人灰心喪氣，你可能會認為注意力分散是因為自己接受的訓練不夠正確。其實你的情況是很常見的，「把分散的注意力重新集中回來」是正念訓練的一部分。如果你頻繁地恍神，不表示正念訓練對你沒有作用，或是你做得不正確。當你意識到自己的注意力分散時，就承認它的發生，並慢慢試著將注意力拉回到物品上。

一開始的時候，你可能覺得固定一個訓練時間或行為很有幫助。你可以把正念訓練安排在日常簡單的活動裡。你可以選擇一醒來時練習，關注清晨時房子裡的各種聲音；你可以在刷牙的時候練習，關注刷牙這個行為，感覺嘴裡的牙膏和牙刷的刷毛觸碰牙床的感覺，只是觀察刷牙的整個過程，不帶任何批評。當你看著鏡子時，你會意識到你在批評自己的外表，可能你認為專注刷牙過程是件愚蠢的事情——當你發現自己開始在做批判或是注意力渙散時，就慢慢地將注意力拉回到你正在做的事情上。

當你練習正念時，有時候會發覺一種新的情緒出現。不要忽略這種情緒，但也不要讓這種情緒控制你的注意力。與此相反，你要覺察到這種情緒是你體驗的一部分。給這種情緒取個名字，例如對自己說：「我有一種叫悲傷的情緒。」有時只是這樣承認情緒的存在，就能幫助你放鬆對那個情緒的執著。

另一方面，你可能會選擇關注悲傷的情緒，尤其當你還沒意識到自己在悲傷時。你身體裡的某個部位能準確感知到悲傷和產生的想法，你也能覺察到悲傷情緒的導火線。如果你能很好地覺察到自己的悲傷情緒及其根源，然後充分表達出來，你或許就可以感受到「接納情緒」帶給你的幫助，隨後你也能將注意力輕緩地帶回自己正在做的事情上（例如刷牙）。

當你發現情緒干擾到正在做的正念練習時，試著深呼吸，然後如上面建議的，為情緒命名。如果這種情緒與當下事情無關，你可以給自己一個解釋。例如，如果你是因為一些過去發生的事情感到悲傷，你可以對自己說：「那是種悲傷的情緒，但那是過去發生的事，這是現在。」從某種意義上來說，如果你擔憂自己的未來，你會對自己說：「那是一個讓人害怕的想法，但是那個想法到現在都是不真實的。」你可能需要反覆練習「承認情緒的存在」，以及把注意力拉回當下。

無論你在這一天過得如何、情緒怎樣，你每天都需要做正念練習。假如你某天太忙無暇練習，那麼這一天就是最合適練習正念的一天，因為在繁忙中進行練習是最有效的。如果你行事匆匆但做事專注，你做事的效率就會變高，因為你很少分神。

持續追蹤正念練習的進展情況，這可以幫助你將它變成日常作息的一部分。將正念融入生活的好方法就是：把正念作為規律性的日常例行活動。例如在駕駛汽車時，你都可以習慣性地做正念練習。

追蹤正念練習

追蹤一週的正念訓練。在下面的空白處（或是日記本、筆記本），寫下你每天做的正念練習內容。

第一天：

第二天：

第三天：

第四天：

第五天：

第六天：

第七天：

現在描述你的經歷。你在正念練習時都關注到了什麼？

思考一下，你如何才能將正念融入或更進一步融進日常生活。你也許會在一天的某個時間繼續進行正念練習，或進行一項特定的活動。寫下你的想法。

情緒和思想的正念練習

你的強烈情緒迫切需要你的關注，從長遠來看，這就是為何你推開或躲開強烈情緒總是無濟於事的原因。你之所以不想感受強烈的情緒，是因為你不想去面對和處理情緒背後的事情，那麼這些情緒會在其他事件的刺激下捲土重來。工作中發生的一件小事讓你對老闆非常惱怒，但是你因為害怕被解雇而不敢承認你對他的憤怒情緒。當你下班回到家，你會因為兒子沒有撿起地上的衣服就對他大吼大叫，你會因為兒子把屋裡弄得亂七八糟而不高興，但是你生氣的根本原因來自你工作中發生的那件事。

當你能全神貫注在自己的情緒時，就能注意到它的存在並讓其遠離。第一步是關注情緒，這可能會讓你感覺不適，但你可以在一開始先去關注較易處理的情緒。首先，你要觀察情緒。情緒會逐步發展並加劇，你可能會對此感到害怕：即使持續關注情緒也不能讓它有所緩和。然而，如果你在情緒變強時迴避它，那你就不能從中學到一個道理：情緒會逐步發展到最高峰，然後就能自行消散殆盡。所以，與情緒同在，關注它，然後讓它自己離開。你只要提醒自己，那只不過是一種情緒而已。如果你不主動將情緒推開或讓其加劇，情緒就只會持續很短的時間。當你能專注於自己的感受時，那些需要你關注的情緒就會接收到你的關注，然後會自動安靜下來。

自己單獨進行情緒的正念練習是件很困難的事。你可能希望有一名心理諮詢師來幫助你學習情緒的正念方法，然而不是所有的心理諮詢師都接受過正念方面的訓練，所以你一定要先做些諮詢。

專注於你的恐懼和控制慾

許多高敏感情緒者都是多慮的人，但憂慮能夠幫助你避免糟糕的事情，防止你被猝不及防的事情困擾。你可能會認為，你的憂慮是為生活中可能發生的負面事件做好準備所付出的代價。

人們擔憂的事情有時的確會發生，但我們真的無法確定未來會發生什麼，那麼對未來的憂慮和焦慮就變得沒有意義了。換句話說，高敏感的你不值得為情緒付出這樣的代價。除此之外，當你憂慮時，你的心並不在當下，所以你不太可能專注於現在正在發生的事情，因為你正埋頭思考著還未發生的事情。反之，你不去憂慮的話，就能專注在自己的思想上，練習將大腦拉回當下且不帶任何自我批評。隨著時間的推移，你可以更容易將自己拉回當下，並能減少憂慮的想法。

想要掌控感

高敏感情緒者尤其會希望在生活中掌控一切，以此讓自己免受傷害。你可能會事無鉅細地做計畫，組織並安排你的日常事務，好讓自己的生活可以預測。你可能會仔細準備你和對方談話的內容，或者你只是想掌控一切，並迫使別人對你做出承諾；你也可能是為了再次確認他人沒有對你不滿、或是不會與你斷交，而向對方拋出大量的問題。

你要做的是直接面對自己的恐懼，並且關注那些讓你感到害怕的事情——變化、不確定的事以及伴隨這些事情而來的情緒。從長遠來看，專注於你的恐懼和試圖控制一切的想法，能讓你改掉那些應對情緒的無效行為。

找出你想掌控卻無法控制的事

在每天的生活裡，任何時候你都要多加注意自己的焦慮，以及希望某個事情按某種方式發展的想法。在一張紙上（或日記本、筆記本）記錄以下訊息：

- 你的處境
- 你的焦慮程度
- 關於這個處境的想法
- 你要盡力控制什麼

用三天的時間重複這個步驟。當你記錄了三天有價值的訊息後，思考寫下的這些處境，看看自己是否能分辨這些處境的類型。你是否會因為有人喜歡你或對你生氣而變得特別焦慮？你是否會試圖控制他人對你的想法？可能你會試圖控制戀人的選擇和情緒。今後，你要盡力用正念的方式去處理這些情境。正念是要你接受自己所經歷的一切，包括不舒服的感覺，但是接受自己的感覺並不是要你用一些無效的方式來減少不適感。

正念是一劑解藥，可以用來解決迴避和控制這兩個問題。無論何時進行正念練習，你都要努力接受現實（包括變化和不確定性），這樣你在練習的過程中遭受的情緒折磨會減少很多。

等待（WAIT）

當你不開心或情緒衝動時，下面的幾個方法能幫助你做出選擇並採取最有效的行動。

觀察情緒（Watch）。你要和情緒保持距離，然後觀察你對情緒的體驗，關注自己的身體對情緒是怎樣的感覺，是什麼觸動了你的情緒，你是如何看待情緒和（或）引發情緒的處境，以及你可能出現的任何情緒衝動。你的情緒會起起落落，在它減弱之前會愈加強烈。

接納情緒（Accept）。接納意味著即使你知道自己沒有必要失控，也要讓情緒發洩出來。有時你可能感覺自己被情緒操控，但是你不必因此被束縛。通常無所作為才是必要的行為。

假如你是高敏感情緒者，你很可能想做些什麼來幫助自己擺脫情緒的衝動，而不管是什麼行為，這個行為都會變成你生活中的一種模式。例如，你可能會反覆確認身邊的人仍然關心你，這樣你就可以努力迴避對悲傷與失落的恐懼。接受就是讓情緒發生，即使你知道沒有必要衝動或克制衝動，你還是會努力透過抵制或擺脫的方式來控制情緒，而這其實只是被另一種情緒所控制的方式，因為你的行為仍然被自己的情緒支配著。反之，知道了這一點，你就可以去感覺自己的任何情緒。

調查（Investigate）。情緒給了你什麼訊息？如果你對工作生氣，可能你的憤怒是在告訴自己應該找個新工作。搜集情緒帶來的各種訊息可以讓你採取有效行動，幫助你更好地生活。

不著急（Take time）。你要了解：情緒會隨著時間的逝去而消失，隨它去吧。如果可能，要在內心平靜時採取行動，如此你就能把握自己的行為。

練習等待（WAIT）

練習等待（觀察、接納、調查、不著急），回答以下你經歷過的問題。你可以使用下面的空間進行多次練習。

觀察情緒：你觀察到自己有什麼樣的體驗？

接納情緒：你接納的是什麼樣的情緒？是否想以某種方式停止這種情緒衝動？

調查情緒：你的情緒提供了什麼樣的訊息？

不著急：在情緒消失後你採取的行動有何不同？

了解和信任你的內在體驗

專注你的內在體驗（尤其是想法和情緒），它會讓你知道自己的感覺而不致於莽撞行事。當你能夠有效辨認情緒、管理情緒並睿智地思考時，你就能學會信任自己的想法、決策和情緒體驗，從而你會有一種更好的自我認同感。

許多高敏感情緒者發現，他們會受到情緒的「傳染」——傳染上他人的情緒。任何時候，你和心情不好的人待在一起時，你也會心情欠佳。當你情緒平復後，你會困惑為何自己和他人有同樣的感覺，而且那種感覺與你的想法或發生在你身上的事情並不相符。正念會讓你的情緒暫停一下，讓你能夠分辨出不是源於自己的情緒。暫停，關注你有什麼樣的情緒，為什麼自己會有這樣的情緒。如果你意識到你的不開心是源於他人的不良情緒，那麼這個訊息會幫你更好地處理情緒。

關注情緒是準確確認內在體驗的第一步，它能幫助你信任自己，而不是依賴他人來識別自己的情緒並告訴你該有何種想法。最終，你的人際關係可能會更加穩定，因為你不再害怕有人會離你而去，你會更加平靜，能更好地自我接納。

日常的正念

每天都進行情緒的正念練習，你就能學會更加自主地去練習。如果你是高敏感情緒者，毫無疑問，每一天你都有很多機會練習情緒的正念。

人際關係中的正念

「關注自己對他人的反應」是每天都可以使用的正念方式。想像你先生回家時沒有帶回你囑咐他買的東西，你很生氣，沒有給他解釋的機會，因為你不想聽到一些拙劣的藉口。你認為你已經知道原因：「他肯定認為我沒有那麼重要，所以記不住我吩咐的事。」你的假想可能錯了。

要是你在這種情境下使用正念會怎樣呢？如果你利用正念，你會注意到雖然丈夫沒有完成你交代的事，但是你不會按照自己的方式去詮釋他的行為，或假設這件事另有它意。你會認為自己並不了解他的用意，或許他太忙或太累，或許他遇到一些不可控制的事情，例如你要的東西正好缺貨。

下次如果你發現自己在揣測某個人的行為或目的，請專注於自己正在做的事情，練習上面的等待（WAIT）。記住，問自己發生了什麼，聽一聽事實真相。這樣做可以避免你們的感情和關係受到不必要的傷害。

喜悅的正念

關注生命中的喜悅——你所有的成就和快樂時光，能幫助你應對艱難時刻。如果你只關注生命中的艱難險阻，你的意志會被消磨，絕望將如影隨形。

你要練習關注生命中的喜悅，方法就是列出喜悅清單，寫出過去六個月你遇到的所有積極且正面的經歷。你可以瀏覽日記或自己在社群網路上的留言和文章，這都可以幫助你回憶那些逐漸被忘卻的積極經歷。每週都看一看寫下的喜悅清單，並且在可能的情況下增加內容。

你可以有目的地做些令人愉悅的事情來讓自己恢復活力，這同時能提升你應對壓力的能力。你可能會想要將這個非正規的練習變成日常習慣：在接下來的一週裡，每天都做一些自己喜歡的事情，讓自己專注於喜悅的體驗——專注地喝一杯咖啡，專注地慶祝生日。為了避免分心，將手機和相機都留在家裡，前往一個美麗的花園，讓自己完全專注在所見所聞上，不要著急慢慢地漫步。

場所和活動的正念

場所和活動的正念是指：你能全神貫注於自己所在的地方，以及此時你正在進行的活動。當你工作時專注於自己的工作，一次只專注一項工作；當你在家時，你能好好地待著，把工作留到公司再做；當你到教堂做禮拜時專注地禱告；當你開車時認真地駕駛。當一次只做一件事時，你就可以降低自己的壓力，管理情緒的能力才能提升。

沒有正念的行為

每天都用正念的方式生活，這麼做大致上能減少壓力。對於普通人甚至是經常做正念練習的人來說，這不是一件容易的事。將正念練習融入日常作息中頗具挑戰性，尤其對於高敏感情緒者來說，而且要接受「現實本來的樣子」更是難上加難。若有以下行為表示你並沒有專注當下，當你發現自己沒有專注於當下時，就要提醒自己去練習正念了。

許願

我們都會許願。有些心願很小，像是有人會在每天早上醒來時說：「我希望今天不必去工作。」於是早上可能就會在床上待更久，並希望自己不必按時匆忙趕去上班；又例如你打開衣櫥，希望找到一套合適的套裝，然後希望自己能減掉四公斤的體重。還有一些心願很大，像是許多人會希望他們的人生處境能與現實不同。

我們會許下很多心願，但是許願並不能讓我們感到快樂。許願會阻礙我們採取有效的行動——接受自己身處的境遇，學會看見且欣賞生活中的積極事物，或學會自己解決一個問題。假如你希望透過許願來逃避各種消極情緒，那就會導致你的情緒長期被忽視且沒有被滿足。久而久之，當你遭遇新的壓力時，就會更容易情緒失控。

當你發現自己希望事情與現實不同時，就問一下自己：這件事是否是自己真正想要的，或是需要去解決的。如果這件事對你來說真的無關緊要，或者超出你的掌控，那麼你可以嘗試換個角度來看待此事。在做正念練習時你可以說「在此時，只是此時」，你也可以說「放開吧，放開吧」，透過這種方式讓自己學會承認和放下不必要的傷心情緒和批判，學會接納「它就是那個樣子」。

抱怨

再次重申，正念意味著不帶批判地看待和接受現實本來的面貌。當你抱怨時，你就不是在接受現實本來的樣子。你的抱怨說明了：你認為自己的處境、自己遇到的人和自己的生活本該和現實不一樣，而抱怨是不能解決問題的。

當你抱怨時，你關注的是這個世界哪裡出了問題，而不是哪裡沒有問題。隨著時間的推移，你抱怨越多，就會發現你越來越關注自己不喜歡的事物而忽視喜歡的。你甚至會忽略積極的事物，只關注麻煩的事情。這樣的話，你會扭曲現實，你的痛苦也由此變本加厲。

使用「應該」的表達方式

另一個不接受現實的表現就是：你總說人們不該做某些事情。你認為女兒不該辭職去參加樂團的巡迴演出；你認為女兒為辭職承擔了很大的風險，她的這個舉動不可能讓她有所收穫，在這種情況下，你可以用「應該」來讓她找到一個更好或更安全的選擇。

你可能也會用「應該」來表達有些事情不符合你的公平感，例如孩子們「不應該」生病，或者你「不應該」丟掉那些寶貴、獨一無二的家庭照片。

當你說「那些可能發生或確實發生的事情」本不該發生時，就是不接受現實。欠缺接納的能力會為你帶來痛苦，或許你可以不使用「應該」這個詞，而是這樣表達：你很擔心某個行為的後果，或是你為某個事件感到悲傷和難過。

逃避

逃避困難情境的行為會明顯增加你的焦慮，會讓你經歷更困難的處境。例如，你不去就醫看病，因為害怕身體出現問題，這一行為最終會給你帶來更嚴重的後果；逃避某個對你不滿的人，可能會導致你們的關係結束。你用很多方式來迴避，但大部分都是不接受現實。如果你能做到正念，就能意識到自己的恐懼，並且不讓自己被這種恐懼感掌控。

察覺自己的「拒絕接納」

你可以用一天或一小時的時間來關注你在以下情境中的想法：當你抱怨時，當你在用「應該」時，當你逃避時，當你希望事情變得不同時，在這些時候，你只要關注當下，然後把自己帶回當下和現實，說一些能夠幫助你學會接納的話，像是「我接受自己無法改變的現實」。記住，接納不是贊同事情發生的方式，而是簡單承認現實就是那個樣子。

本章總結

以正念來面對情緒以及觸發情緒的事件，是管理情緒的一個關鍵技能。正念訓練的內容包括：停留在這一刻，不做批判，接納你的情緒。接下來，我們將學習如何準確地辨認你的感受。

第五章

識別你的情緒

儘管體驗基本情緒的能力與生俱來，但是當你來到這個世界時，並不知道這些情緒是什麼。你學會命名情緒的方式，和你學會使用其他詞語的方式一樣。例如，如果還是兒童的你一臉猙獰並尖叫，父母會對你說：「哦，你生氣了嗎？你的玩具丟了嗎？我明白了，你難過是因為弄丟了玩具。可是玩具在哪裡？我們一起來找吧。」在這個句子裡，父母猜測了你的情緒，並確認導致你這種情緒的原因，然後糾正錯誤的猜測，最後示範怎麼解決問題。身為兒童的你，透過這種方式學會了如何管理自己的基本情緒。

如果父母或其他照顧者擅長情緒管理，就能順利教會孩子如何辨別身體的感覺，以及準確表達出自己的情緒。然而，許多照顧者本身就是高敏感情緒者，或者在管理情緒方面有同樣的困難。在你的早期生活裡，可能沒有人能教你或示範該如何有效管理情緒，更甚者，你根本就不會辨認情緒，反而學會了迴避、躲避或恐懼情緒。

識別情緒有何好處？

心理學有一個說法是，了解自己的感受有助於學會管理情緒。杏仁核作為大腦的一部分，它能發起「戰鬥還是逃跑」的判斷來幫助我們應對危機。如果知道自己有什麼樣的情緒，大腦中掌管邏輯和理性思考的前額葉就可以發揮作用。當你為一個情緒命名時，大腦如剎車踏板一樣的功能就會被啟動，這個前額葉會指示杏仁核冷靜下來，幫助你不再莽撞行事。

準確命名你的情緒，除了能幫助自己不莽撞行事外，還能提供你有關情緒所蘊含的重要訊息，例如憤怒，通常是在告訴你有問題要解決。如果你沒有意識到你憤怒的情緒，或是你誤以為那是憂鬱，你可能就意識不到自己需要改變現在的處境——問題依舊未能解決，而你的痛苦卻在增加。如果你沒有意識到內心的羞恥感，可能會認為自己不喜歡與人交往，而你其實是害怕被人排擠，這種錯誤的自我認知會使你變得更加退縮，讓自己的處境變得更糟。

了解自己的情緒會幫助你將情緒與情緒的根源聯繫起來，例如一旦你感覺悲傷，就能回憶起悲傷的原因。了解悲傷的根源，就能知道需要採取何種行動解決問題。你可能意識到，你的悲傷是源於朋友沒有來參加生日聚會，你可以在事後告知朋友你對他的想念。如果你誤以為自己的悲傷是種憤怒，那你的行為可能就會不同。你可能不再和那個朋友說話，或是會對他發脾氣，這樣的做法對你的悲傷情緒沒有任何幫助，反而會導致你們的友誼告終，而這可能就是你最擔心的結果。

識別情緒的方法

每個人都要應對痛苦的情緒，但高敏感情緒者尤其需要擁有有效的情緒管理技能。學會準確辨認情緒是讓你能再次控制情緒的重要一步。

分析身體知覺

如果你不是很確定正在經歷著怎樣的情緒，那就關注你的身體感覺。人們感覺到的情緒其實就是身體的知覺：腹部通常能感覺到恐懼的情緒，肩膀、背部和臉部能感覺到憤怒的情緒，胸部及喉部能感覺到悲傷的情緒。我們要學會辨認身體的知覺所指示出的某些情緒，例如你可能在憤怒時感到疲勞，在焦慮時感覺頭痛，或者當你不得不做些讓自己害怕的事情時，胃會覺得難受。

如果你不能辨認自己正在經歷的情緒，就多去感受身體的知覺，這樣會幫助自己更好地察覺情緒。任何時候，當你的身體對外在事件有知覺（例如有人說了什麼或做了什麼）或是身體出現奇怪的反應時，你就能有意識地去尋找這個反應的根源，並了解它是否是你自己的感覺。

你的身體告訴你什麼？

即使你很難辨別情緒，但有時還是很清楚自己的感受。當你在看一部悲情電影時，可能會感覺悲傷，那麼就在這個時刻練習確認伴隨情緒而來的身體知覺。一直到下週，無論何時你感覺到悲傷、憤怒、傷心、嫉妒、孤獨、愧疚、激動、高興或慚愧，你都要注意自己身體的感覺，並把這些感覺寫在下面的表格裡（或者自己做個表格）。同時，你也要注意自己身體對發生的事或人們說的話所產生的反應，包括頭痛、胃部不適、胃痛及精疲力竭，同樣在表格裡記錄下這些訊息，然後推測這些反應對應何種情緒。

情緒	身體感覺

完成這個練習後，你可能會知道，自己身體的哪個部位體驗到了情緒，這可以作為你不確定自己感覺時的參考。當然，頭痛與其他疼痛可能是源於身體本身的問題，但身體的疼痛會因情緒而加重。如果你頭痛，而且你知道自己通常在焦慮時會頭痛，那你就去找尋讓你感到焦慮的原因；如果通常在眼睛或是喉嚨部位感受到悲傷的情緒，那就是你的身體感覺，然後你可以找尋一下觸動悲傷情緒的原因。

分析情緒發生時的行為

情緒通常與採取的行為相關。當你在經歷一種情緒時，你所採取的行動將提示自己可能會有的感覺。例如，逃跑的衝動可能是在提示你有恐懼的情緒；想要躲藏和迴避目光交流，或許是在提示你有羞愧的情緒；攻擊的衝動通常是在提示你有憤怒的情緒。

如果你是高敏感情緒者，可能會比其他人更容易按照自己的心情來行事。你可能會在高興或滿足時積極與朋友往來互動，做事充滿興致，但你會在情緒低落和悲傷時消極退縮。此外，你的情緒影響了你看待自己的方式，你可能會在生氣和傷心時憎惡自己，在高興時喜歡自己，或至少不會有那麼強烈的自我厭惡感。

你很容易感情用事，但事實上這也是你處理事情的一種方式。記住第二章提過的，如果你的行為方式與某一種情緒步調一致，那麼你的行為很可能會讓自己的情緒變得更加激烈。想一想，當你面對某種感覺時就會想按照特定方式行動，這麼做是想要增加那種感覺的強度嗎？如果不是，就改變你的行為。在你感覺羞愧時不要隱藏情緒，高高抬起頭，保持隨時可以參與社交的狀態；在你感覺憂鬱時，讓自己更積極參與社交，而不是退避三舍。大部分情況下，這種做法有助於你改變自己的情緒，或者至少不會讓你的情緒變得更加強烈。

判斷情緒的根源

另一個辨認自己情緒的方式就是：了解自己情緒的根源。當你尋找情緒的根源時，要先了解一下最近發生的事情、自己的想法以及在情緒最初產生時的感覺（出現的第一種情緒），這些會直接影響你現在的情緒感受。你可能會發現，事件本身是產生情緒的最終根源。思想會導致情緒的發生（如下文討論），但那些思想通常是被外在的事件所激發的。

想像你正在享用一頓早餐，突然有一種不良的情緒向你襲來，接著你意識到自己在想著前任戀人，並且辨認出那是悲傷的情緒，你對此深信不疑。然而事實是，你正在吃前任戀人最愛的食物，這讓你想起了對方，因此悲傷的情緒隨之而來。所以你要明白，你悲傷的根源其實是和早餐吃的東西有關。

當你第一次感覺到情緒時，回想一下當時在做什麼、想什麼或是發生了什麼。剛開始你可能不記得細節，就認為沒有什麼特別的事情導致情緒的發生。假使是這樣，你也需要把當天一整日發生的所有事情——從起床的那一刻開始，逐一回憶一遍。例如，你是在醒來時感覺到這個情緒？還是在吃早餐時？還是去上班時？還是午休時？想想你做過什麼，聽到過什麼，以及你還沒有感覺到這個情緒時想過什麼，想一下和誰說過話、說了什麼。如果你仍然無法將自己的情緒和任何事件串聯起來，那就嘗試去辨認，看引發你情緒的事情是否發生在他人身上。例如，對大部分人來說，當朋友告訴自己，他今晚不能如期赴約一起去看電影，我們都會感到失望，而正好今天你朋友也這麼告訴你，或許這就是你有情緒的原因，而你無法辨認出來。

其他選擇

另一個辨認情緒的策略是：仔細審視自己的情緒。你可能在有所選擇的情況下更容易確認自己的情緒，所以從最基本的情緒開始找，像是愉快、驚訝、憤怒、沮喪、羞恥、愧疚、恐懼、焦慮及嫉妒。瀏覽各種不同的選項，直到你找到一個比較符合自己感覺的情緒標籤。

關注自己的身體語言也會有所幫助，尤其是臉部表情。你可以從鏡子裡看看自己的臉部表情在表達什麼情緒，如果你的臉看起來悲傷，或許這就是你現在的感覺。如果你很難辨認自己的臉部表情，那就讓別人來告訴你他們所看到的，然後你可以核實一下是什麼引發了這種情緒。這樣，你不僅確認了自己的情緒，也可以知道在這種情境下應該採取何種行為。

你要多加關注自己目前的想法。如果你的想法很悲傷，那麼你可能有悲傷的情緒，其他類型的想法同理。你對某種情況的思考方式會觸發各種情緒，因此你要多加小心自己的思考方式，你將在下一章學到更多這方面的技能。

辨認情緒的困難之處

我們之所以很難了解自己的感覺，有很多方面的原因。可能是你沒有注意伴隨情緒而來的身體感覺；可能是你早年錯誤地把所有的身體感覺都視為憤怒的情緒；可能是你從來沒有學會所有情緒的名稱含意；可能是你對情緒置之不理已久，並拒絕承認自己有什麼感覺；也可能是你對自己的情緒困惑不解。

情緒困惑

有些身體感覺和情緒很容易混淆，例如疲憊不堪與抑鬱不振，激動興奮與幸福快樂。除此之外，情緒的反應也很複雜，而且有時夾雜著多種情感和想法。在有些情況下，你會把想法誤認為是情緒。這些都可能讓你在了解自己的情緒時帶來重重阻礙。

即使當你整體上能意識到自己的情緒，你可能還是會將一種情緒混淆為另一種情緒，正如下面艾倫的故事一樣。

對三十多歲的艾倫來說，在家裡為聖誕節做準備是一項巨大的生產製造過程。她花了兩個多月的時間，自己動手製作巧克力、裝飾兩棵聖誕樹、畫了聖誕卡片、為平安夜準備一頓精美的晚餐。由於她對聖誕節的要求太高，因此要做的事情太多，無暇顧及其他事情，最後不得不停止做下去。隔年的聖誕節，她沒有擺放裝飾聖誕樹，沒有準備聖誕晚餐，她感覺難過的同時也如釋重負，因為她明白自己只是沒有時間做準備。

艾倫本來不指望能在未做好充足準備的情況下享受假期，但是她做到了，她度過一段美好且低調的假期。她意識到，她總是習慣性地將幸福快樂和激動興奮混為一談。她為聖誕節所做的精心準備只是讓自己覺得激動和興奮，但沒有感到幸福和快樂。準確認識自己的情緒後，她改變了慶祝聖誕節的方式。

激動和焦慮這兩種情緒也很容易被混淆。焦慮裡有一種恐懼感，而激動的情緒裡更多的是一種期待感。出國旅行可能不僅讓人焦慮也讓人興奮，一個新的、具有挑戰性的工作同樣如此。當你誤把激動興奮的情緒當成焦躁不安時，你可能會失去本來可以控制情緒的大好機會。

焦慮和恐懼有時也容易被混為一談。焦慮通常是擔心未來可能會發生的不愉快事件，而這些事件往往是你無法掌控的。例如你可能會擔心是否能得到想要的工作；恐懼針對的是正在逼近的危險，例如有人可能會馬上闖入你家。

恐懼能幫助你在需要採取行動的時候立刻動起來，像是打一一〇，遠離炮火，或是按時上班，因為老闆會開除遲到的人。對事實存有恐懼有利於解決問題，同時也有安全保障。焦慮有助於你主動解決問題，或是為一個未來的事情提前做好準備，像是為一次演講提前進行訓練、為一次測驗做複習準備。但是有時候焦慮的情緒並無助益，因為某些情形下，任何行為都無濟於事，並已經超出你掌控的範圍。

準確辨認並明確你的情緒，你就能採取行動應對危機。如果你對於自己能否保住工作感到焦慮，或許你可以借用焦慮的情緒，把自己變成更有價值的雇員，或是尋找另一份工作。另一方面，如果你已經竭盡所能，或是情況不受你掌控，你可以運用一些具體的技法管理自己的焦慮狀態，例如轉移注意力法，或是放鬆肌肉法（見第二章）。

複雜的情緒體驗

如上文所討論，人們會在同一時間體驗到多種情緒，但是有時只意識到或只關注到其中一種情緒。

高敏感情緒者通常認為他們的生活還算美好，但他們的思想卻總是徘徊在生活中不如意的事情上。如果你只意識到一種情緒，那麼你的人生視角是受限的。當你感覺悲傷時，可能不會注意到幸福的存在。大部分時間裡，你沉浸在悲傷中，忘記要對你的愛人、家人和朋友抱有喜悅或感恩之情。

當你在同一時間、同一件事裡感受到多種情緒時，你可能就很難做到準確辨認情緒。例如你將離開多年共事的同事搬到其他城市，雖然要離開朋友讓你覺得傷心，但與此同時，你也會很高興和興奮，因為你渴望新的機遇，而且你可能對過去與同事之間發生的事情感到後悔或慚愧。你很難將這些不同的情緒一一分開。

你若想關注重要情緒之外的其他情緒，就要仔細地去尋找，這不僅能幫你保持身心平衡，還可以讓你更好地體驗整體的情緒，更不會被不良情緒控制。

完成以下的練習將增加你對情緒的察覺能力，培養自己確認情緒的能力。

你的情緒生活

用一週的時間仔細並準確地確認你的情緒。在一張空白紙上記錄下你每天的情緒（如下）。有些普遍常見的情緒已經列在下方：

悲傷　憤怒　焦慮
恐懼　嫉妒　愛
傷心　沮喪　喜悅

第一天：
第二天：
第三天：
第四天：
第五天：
第六天：

第七天：＿＿＿＿＿＿＿＿

在這週結束時，回顧你所寫的內容。如果大多數時候能感覺到某種情緒，或每天只注意到一種或兩種情緒，就再用一週時間去尋找其他情緒。像是如果你在大部分時間裡感到焦慮，那麼可以關注一下其他情緒，例如喜悅的時刻或是憤怒的瞬間等。你要經常核實自己可能有的情緒，可以設計一個提醒，用來定時提醒你去注意自己的情緒，例如將手機設置為每小時響一次。

情緒與想法的結合會產生其他情緒

一種情緒能結合想法產生其他情緒。你認為自己的期望沒能如願，與因此引起的悲傷情緒相結合，產生所謂的失望；你本來對某個問題的解決胸有成竹，現實卻以失敗告終，因此你對自己氣憤不已，這前後的情緒和想法形成了挫敗感。也就是說，你的想法會影響你的情緒，這使得你很難辨認最早出現的情緒。

情緒會引發其他想法和情緒

有時候與一個事件相關聯的情緒，或是與一個事件有關的想法，會導致其他情緒的出現。例如當你感到悲傷時，你可能會驚恐萬分，而如果你不喜歡悲傷的感覺，或許會讓自己變得憤怒以此來逃避悲傷。

你因為妻子丟了工作而感到悲傷，你讓自己變得憤怒來掩飾悲傷的感覺，因為你憎恨悲傷的感覺，而你在憤怒時，你會感覺自己沒那麼脆弱。當你看到妻子，你也許會對她冷言冷語，可能是想指責她的懶惰，然後她回擊了讓你傷心的話，你的行為導致問題變得愈加惡劣，現在你感到萬分痛苦。

辨別你的最初情緒對有效處理事情至關重要，因為那是與你的經歷直接相關聯的情緒。

想法與情緒

當你做了上面「你的情緒生活」的練習後，有時可能仍不太確定想法是指什麼，以及感覺是指什麼。高敏感情緒者通常會將兩者混淆。你可能經常說「我感覺」而不是「我認為」，這導致的結果就是，你會將情緒帶入到一個情境裡，而這種情緒對該情境毫無用處。

你正在為一個工作團隊選擇一名領導者，當你說「我感覺喬治會是一個好主管」時，你讓自己的表達富有情感，即使你是在運用合乎邏輯的方式評估喬治的領導力，一旦有人反對你，你就更有可能出現情緒化的反應；而當你說「我認為喬治會是一個好主管」時，這樣的表達就不會帶有任何情感色彩，因此能清晰地表達想法，這能幫助你區分你的情緒反應和你的邏輯思考。

有些令人不悅的想法容易被人當成是情緒，而這使得處理這些情緒的行動變得尤其困難。想像你的朋友將你和他私下交流的祕密洩露給他人，你可能會說「我感覺自己被出賣了」，不知道該如何處理這種背叛的感覺，因為「被出賣」不是一種情緒和感覺，而是一種想法。對於這個問題，更準確的表達是「我被出賣了」或「我知道他出賣了我」，這樣「被出賣」便不再是一種想法，它能幫助你做出適當的行為——你可能決定驗證一下情況的真實性，或是在和這個朋友交流時更謹言慎行，又或者決定不再和他做朋友。

當有人背叛你，你會感覺難過、憤怒、傷心。辨別你的感覺能讓你選擇有效的方式應對那些情緒。假如你難過，可能會選擇撫慰自己；假如你憤怒，可能會在做決定前給自己一些時間冷靜。

被出賣的想法和感覺是你體驗的一部分，你要意識到自己的體驗其實是這兩者的結合，這樣你就能更準確地理解「被出賣」的概念。你可能會說「我感覺被出賣了」，這是一種簡略表達整體感覺的方式，但是這種表達不能完全且準確地傳達出你的想法和感覺，而且會使你更難應對當時的處境。

要是你說「我感覺受傷了」會怎麼樣？「被出賣」和「受傷」的說法都不是情緒，把「我受傷了」的想法作為感覺表達出來的確會掩蓋你真實的情緒。你要重新組織句子，在句子中既要表達感覺也要表達情緒，你可以說「我認為我受傷了，因為我認為自己被人拋棄」，或說「痛徹心扉的感覺正將我的內心撕裂」。

準確辨別你的感覺會幫助你理智處事，也會讓你減少透過「以為是情緒」的不正確想法來認識自我。

想法？還是感覺？

在這個練習裡，你將練習辨別想法和感覺。在那些準確描述感覺的句子旁邊做標記，在那些措辭可以更準確的句子旁打上╳，想一個符合這個句子且你確實經歷過的情境，然後重新表達這個句子（現在做這個練習會讓你對本章剩餘的部分有最佳的理解並有所收穫）。

1. 我感覺被忽略。
2. 我感覺我像一個失敗者。
3. 我很漂亮。
4. 我現在必須要吃巧克力。
5. 我感覺我太嫉妒她了，真想打她的腦袋。
6. 我感覺很困惑。
7. 我感覺傷心。
8. 我感覺被孤立了。
9. 我愛洋芋片。
10. 我感覺我太笨拙了。

答案：

第5句和第7句是有關感覺的，其他句子都是有關想法的。再回顧上面的句子，看看有沒有你漏掉的，例如「我感覺我像是一個失敗者」，這句話其實是一個想法，但被錯認為是一種感覺，你認為自己是個失敗者的想法會給你帶來諸如悲傷、失落、難堪和恥辱的感覺。看看你是否能改寫這個句子，分開表達你的想法和感覺，例如：「我認為我在大多數事情上是失敗的，公司炒我魷魚讓我感覺很難堪和難過。」假如這是你生活中真實發生過的例子，那你可以用這個方式表達事情，而不再將其表達成「我感覺自己像一個失敗者」。

麻痺情緒

如果你正在利用食物、某些物品（例如止痛藥）、某些行為舉止（像自我傷害、加班、過度購物、迷戀或過量運動）來麻痺自己的情緒，那你就很難辨認自己的情緒。盡力去察覺自己的強烈慾望——自己為何想過量進食？當出現不良感覺時，為何總想讓自己忙一些無關緊要的事情？然後思考你最先可能出現的情緒，並訓練自己體會那種情緒。

察覺自己的麻痺情緒

人們會做一些麻痺自己困難情緒的行為，可能包括購物、進食、喝酒、工作、使用電腦或手機、過度忙碌、睡覺及社交。不管是哪種行為活動，在下面的空白處寫下這些行為。

在接下來的一週裡，每當你想要麻痺自己的時候，用計時器定時三分鐘，在這三分鐘的時間裡，你可以思考並寫下衝動背後的感覺和想法。如果可以，你要充分利用這三分鐘，幫助自己察覺那些不明顯的情緒。你可能會在不同的時間表現出麻痺自己衝動行為的不同情緒和想法，或者你也可能會發現有前後一致的情況存在。

麻痺情緒的行為活動：＿＿＿＿

感覺：＿＿＿＿

想法：＿＿＿＿

感覺：＿＿＿＿

想法：＿＿＿＿

感覺：

想法：

感覺：

想法：

感覺：

想法：

感覺：

想法：

感覺：

想法：

在做上面的練習時，你可能發現想要麻痺的情緒總是一樣的。例如你總是想麻痺悲傷的情緒，或者你發現想要麻痺自己所有的情緒。在你繼續往下做時，要特別關注那些你想要逃避的情緒。用一段時間去感覺那些情緒，訓練自己不去麻痺它們。允許自己一直感覺某種情緒直到它消散，如果這種情緒太過強烈，就設定一個你能掌控的時間，例如五分鐘，在此期間，你要先體驗這種情緒，然後再用積極健康的方式來分散注意力，像是做些運動，和朋友聊聊天，隨後你會發現情緒自然而然地離開。你需要注意的一點是，當你察覺到一種情緒時，你可以執行一個休息計畫，讓自己有規律地從情緒中走出來。讓自己休息一會，這樣的話你將不會再逃避情緒。

錯誤辨識情緒的根源

當人們不了解他們感覺的緣由時，往往會對情緒妄下結論，有些結論雖然看似合乎邏輯但肯定是錯誤的。如果你是高敏感情緒者，你可能意識不到，其實你非常擅於給自己的不真實情緒構想出各種解釋。

有時候你會給自己的感覺編出各種理由，因為真實的原因很複雜，讓人很難分辨清楚。

在某些情況下，你可能只察覺到次要的情緒，無論你什麼時候感到難過，你都會體驗到憤怒的情緒，但因為憤怒的情緒更為外顯，所以你察覺不到其實難過的情緒才是最先出現的。

高敏感情緒者都是典型具有創造力的人。創造性思考讓你將各種事情聯繫起來，這是別人做不到的。大多時候，你具備的優勢是能以不同方式看待世界和理解世界，然而，有時候你會將原本沒有關聯的事物串連在一起，你會誇大你的錯誤，將責任推到自己身上，而事實上你根本沒有錯，但你堅信要為他人的心情和行為負責。因此了解自己是否有自責的習慣，也有助於你管理自己的情緒。

你自認為是自己的錯誤造成了一些事件的發生，但是這給你的生活增添了不必要的痛苦。你要改變這樣的思考模式，儘量不去解讀他人的行為或言下之意。如果你對他人的行為或言辭存有想法，就審視一下現實的情況，在你能全方位了解情況後，再決定是否需要承擔責任。

事實真相和自我主觀解讀之間是有差異的，清楚認識到這點對管理情緒非常重要。事實真相是指能直接觀察到的事情，你能觀察到有人皺眉，但是只能對皺眉的原因進行猜測，而只有皺眉的那個人才知道真正原因。當你認為有的事情可能是真的，不管你猜得有多準，都一定要去詢問真相，而不是自己盲目假設。

對別人的想法和行為背後的動機進行揣測，通常會讓你感覺痛苦，你要知道，你的想法會強化負面情緒。如果你把注意力放在諸如「老闆想開除我」的想法上，你的焦慮會倍增，還有「他還沒有回我電話，他一定是想和我分手」的想法，會讓你變得更加憤怒、焦慮和悲傷。你有想法並不意味著這個想法就是真實的，要盡力去尋找真相，這樣就不會在錯誤的詮釋和假設的基礎上製造或發展出失控情緒。

想像你很焦慮，但你不確定背後的原因。你思考後意識到，那是因為有一個好朋友很長時間沒有和你聯繫了，你想到曾做過一些讓他難過的事，當他說沒關係時，你並不相信他說的話。由此你得出結論，你認為沒有辦法挽回這段關係，因為他不願和你討論這個問題。於是傷心和被拒絕的恐懼感讓你開始迴避他。

儘管你的判斷都來自於直覺，但是事實上，你的朋友可能並不是對你不滿，他或許是因為太忙，在操心其他事；也許你對他的情緒感覺是正確的，你對這種情緒背後的原因判斷卻是錯誤的；你的焦慮可能壓根就和朋友沒有任何關係。你感覺心裡不舒服，可能是因為你女兒要搬到別的城市，你擔心她離你遠去，不願意去想她搬家的事，因為這會讓你感覺可怕，所以把自己的焦慮根源歸結於朋友對你的不滿，這樣也就相對減少了女兒要離開帶給你的痛苦。

正如上面所舉的例子，如果你經常對情緒進行錯誤的假設或判斷，你可能會因此懷疑自己判斷情緒的能力。如果是這樣，就仔細回憶你的情緒出現前所發生的事情，不要急於做出假設。這很重要，因為這會讓你再次相信自己能夠準確判斷自己的情緒。

下面的內容能幫助你更仔細看到你的情緒是如何影響自己。

你的情緒習慣和行為

接下來的一週，無論你何時對一個事件產生某種情緒反應，就請填寫「我的情緒和行為」。

第一，你要描述這個事件。例如：「我的朋友沒有打電話祝賀我面試順利。」

第二，記錄你可能有的任何想法。例如：「他不在乎我。」、「他總是很自私。」、「我不知道為何總是期待事情會有所不同。」

第三，記錄你體驗到的第一個情緒（憤怒、悲傷、恐懼、嫉妒、喜悅、愛），然後記錄第一個情緒導致的其他情緒。也許你每次感到悲傷時都會出現憤怒的情緒。

第四，寫出你從自己情緒中所了解到的訊息。例如傷心的感覺可能在告訴你，你很珍視摯友對你的支持；憤怒的感覺可能在提醒你，你要解決和朋友之間的問題，或是要為自己挺身而出。

第五，寫下你在這些情緒出現後都做了什麼。例如有沒有過量進食？逃避你的朋友？或是退縮？

最後，寫出你的行為後果，包括積極和消極、短期和長期的後果。例如你是否發現自己多了一件漂亮的新夾克，花太多錢買了不需要的東西；你是否和朋友打了一架，事後卻萬分懊悔。

我的情緒和行為

事件：＿＿＿＿＿＿＿＿＿＿

引發的想法：＿＿＿＿＿＿＿＿

第一個情緒：

第二個情緒：

情緒訊息：

行為：

後果（短期的和長期的）：

事件：

引發的想法：

第一個情緒：

第二個情緒：

情緒訊息：

行為：

後果（短期的和長期的）：

事件：

引發的想法：

第一個情緒：

第二個情緒：

情緒訊息：

行為：

後果（短期的和長期的）：

事件：

引發的想法：

第一個情緒：

第二個情緒：

情緒訊息：

行為：

後果（短期的和長期的）：

事件：

引發的想法：

第一個情緒：

第二個情緒：

情緒訊息：

行為：

後果（短期的和長期的）：

當你寫下一週的紀錄，這些對你來說是有價值的訊息，再次瀏覽你寫的內容，檢查一下自己的情緒模式。你可能會發現，在難過時你通常會去購物，或有人難過時你會自責，當你對自己有些刻薄的想法時，會變得憤怒和悲傷。如果是這種情況，你就要想一些能改變這個模式的辦法，其一就是改變導致你產生情緒的那項事物。早上醒來看到一堆髒兮兮的餐具，你會覺得自己超級懶散，隨即萬念俱灰的想法占據了你的心頭，甚至再也不想離開房子，也不想以任何積極的方式做事。這種情況導致的長期後果就是，你不再為自己認為重要的目標努力上進、念書、交朋友。因此，你不要把一堆髒的餐具留到第二天早上，這樣或許能夠改變你早上的心情。

本章總結

對任何人來說，準確辨別自己的情緒是情緒管理中最關鍵的一環。如果你是高敏感情緒者，由於你的情緒可能會比常人更為強烈，因此了解並強化情緒管理的方法對你來說尤其重要。一旦你能嫻熟使用本章學會的辨別情緒及其根源的策略，理解如何回應具體的情緒，你就能更有效地應對它們。在後面的篇章裡，你將學習其他技巧來改變情緒模式。下一章的內容，我們將指引你學習放下對自己、他人以及這個世界的批判。因為太多的批判會給你帶來更多的情緒，讓你更容易被情緒困擾，變得無所適從。

第六章

放下批判

如果你是高敏感情緒者，你可能在兒時遇到過這樣的人，他們曾經對你說過或是暗示過，你的感覺和想法是有問題的。多年以來，經常聽到人們對你有類似的評論。他人看似微不足道的評價，卻已經給你帶來許多痛苦，以致你對他人的任何批評都高度敏感。大家都不喜歡別人對自己做出負面評論，對於情緒高度敏感的人來說，更是苦不堪言。無論你聽到的是關於你的真實評價，還是你自己想像出來的負面評價，通常你都會因此感到羞恥，同時腦子裡會出現各種絕望的念頭，擔心別人會拒你於千里之外。

即使我們對事物做出正面積極的評價，例如說某個東西很「好」，那也是有問題的。因為如果這個事物是「好的」，那麼另一個不同於它的事物就是「壞的」。由此可見，正面評價事物的過程其實也是負面評價事物的過程。正面評價事物同樣是在強化你對不同的事物進行比較，以「好」和「壞」的標準看待和判斷事物。本章的大部分內容，你會認為我在討論負面評價的問題，但是要記住，在任何情況下，正面評價導致的問題幾乎和負面評價導致的問題一模一樣。

放下對自我的批判、他人對你的批判以及你對他人的批判，不管這些批判是正面還是負面。放下批判，你才能將情緒控制在較低的強度上。需要注意的是，放下批判，其實並不是為了讓自己能夠更樂觀看待每件事，而是要停止非好即壞的思考模式（或者其他任何二元對立的觀點），只是去接受事物本來的模樣。當你用事實替代批判後，在你看到某些事情遭到誤解、臆斷及曲解時，你的反應就不會再和往常一樣強烈了。

自我批評

批評會觸發你的情緒。此外，你因外部事件所產生的情緒也會在你進行自我批評時加劇。例如，你正準備離婚，你會就此認定，這都是因為自己不招人喜歡，或總是把事情弄糟而造成，於是離婚給你帶來的痛苦也愈加嚴重。如果你是個容易沮喪的人，自我批評也是在給自己的痛苦火上澆油。因此，提升你對自我批評的察覺，以及更了解你是如何以特殊方式學會自我批評，都有助於減少這種批判行為。

如果你是一個情緒高度敏感的人，別人可能會說你做事太誇張、太情緒化、太黏人、太脆弱不堪、太喜歡耍手段或是太英雄主義，會命令你停止做出「像個嬰兒」或是「無事生非」的行為。他人會忽略你，或把你當成一個累贅。如果你小時候經常被他人如此評價和看待，那麼當時的你通常就會像他人說的那樣去評價自己。

你會指責自己的各種缺點。例如即使在過去的兩週裡，你每天投五份求職履歷，你還是會認為，因為自己太懶得投履歷，所以現在仍然沒工作。然而你要明白，即使你沒有提交任何求職履歷，也不代表你很懶惰。假如你能更仔細審視事實的真相，你會發現，其實不是懶惰的問題阻礙你得到工作機會，而是你害怕在求職期間，面試官會對你作出負面評價。

自我批評和害怕被他人批評將會讓你身陷困境無法自拔。你無法按照自己喜歡的方式生活，會儘量讓自己活得安穩些，只做他人認可的事情；你會儘量讓自己更投入某些並不適合自己的生活模式。這樣的人生境遇毫無成功可言。

下面的練習能夠幫助你察覺生活中人們是如何評價你，並幫助你找到真正的自己。

他人對你的批判

童年時，你生命中重要的人是如何描述你的？你是否「可愛」、「聰明」、「懶惰」、「愛運動」或是「一個小寶寶」？在下面的表格裡，盡可能寫下他人對你的描述，然後回頭找每個描述背後的依據，清楚寫下你的哪些行為導致他人對你那樣描述。例如人們稱呼你為「一個小寶寶」，可能是因為你每天上學前都要哭一場。現在思考並寫下這些行為舉止背後的原因，拿上面的例子來說，很可能是因為你害怕在學校表現不好或是遇到麻煩，才會每天在上學前哭一場。

描述語	何種行為符合這個描述	導致此行為的實際原因

現在想想你所寫下的內容。你要明白一個事實：所有人都有缺點。你可能會發現，人們對你的描述是準確的。同時，也要仔細關注你所處的情境對你當時行為的影響程度。生活中

某一刻所發生的事情會強烈影響你的行為，而那些行為背後的原因都和當時的情境相關，與你的性格無關。

批判的問題

批判會以其他方式干擾你管理自己的情緒。批判會干擾你做決定，讓你不能準確辨別情緒，影響你對人際關係的維繫，還會限制你的視角。讓我們再進一步討論這些問題。

干擾你做決定和解決問題

當你情緒化時，你大腦中掌管理性分析的部分就無法專注工作。你的行為反映了情緒，而不是當時的狀況。雖然每個人都會遇到類似情況，但如果你是高敏感情緒者，這種情況會屢見不鮮，批判會迅速增加你的情緒痛苦，遮蔽理性思考。

想像你傳訊息給朋友，邀請他明天與你共進午餐，你不停查看手機，因為他通常會立刻回覆你。十分鐘後，你惱怒了，他為什麼還不回覆我？你會在這一刻開始自我批評，你會認為邀請他吃午餐是件很愚蠢的事。又過了些時間，你回想起與他最後一次的互動，認為自己那時太自私，說了一大堆不該說的話。隨著時間的推移，你或許認為你的朋友不考慮別人的感受，他佯裝喜歡你，其實只是想利用你。你的這些想法會一直持續，直到你的情緒開始失控，內心充滿傷心、憤怒和恐懼。你可能會決定不再和你朋友講話，即使當晚他打電話給你，你也會拒絕接聽。

你對朋友和自我的批判讓自己深陷痛苦中，同時你的理性思考也受到干擾。要記住，你不可能知道他沒有立刻回覆你的原因，可能是因為他的手機沒電，也有可能他正在開會，還有可能他根本就沒有看到你的簡訊。

會掩蓋你最初的情緒

對他人的批判會影響你管理自己的情緒，因為它會掩蓋你最初的情緒。想像你去一家餐廳，看到你的男友正和一位迷人的女士一起用餐。你惱羞成怒，好好教訓男友一頓後，氣沖沖地離開餐廳。憤怒可能是你的第二個情緒，你的第一個情緒可能是恐懼。你恐懼自己會傷心、恐懼失去你的情人、恐懼被人拋棄。當你對自己說，那個蠢貨只不過是一個玩伴而已時，你是在掩蓋你的第一個情緒——恐懼。任何時候，只要關注你的次要情緒，就很可能處理不好當時的情況，因為你的第一個情緒才是急需解決的。反之，如果你對自己這樣說：「我的男朋友正和一位迷人的女士共進午餐，我很害怕他是在欺騙我，我會受到傷害。」那你就可以確認和辨認你的情緒，直接表達出你所知道的真相。你可以使用一些技能來應對你的恐懼，例如找出事情的真相後再做假設（見第二章），你就能更好控制自己的情緒了。

增加你的孤獨感

大部分高敏感情緒者認為他們經常感到孤獨。從某種意義上說，任何時候你都認為自己與朋友、同事、鄰居甚至陌生人不盡相同，這就是在將自己與他人的距離拉開，讓自己與他人沒有關聯，因此你的孤獨感會相對增加。

對他人進行批判會讓人們感覺你不夠友好。第一次遇見你現在的朋友時，就對他品頭論足，這樣的做法會影響你對他的了解。

批判會讓你和你的情人之間產生距離。人是會犯錯的，如果你對另一半的錯總是指指點點，你們的關係就會受到損害。想像你的妻子拿著一張超速罰單回家，如果你沒有理由就指責她，認為她浪費了血汗錢，你就是在削弱你們之間的關係，如果你說：「我很擔心罰單上的費用會嚇到我。」就是在表達你的情緒，而不是批判。

讓人的視野變得更窄

如果在你沒有全面了解事情的真相前，忽視事物變化的特點，就對事情妄下批判，那麼你的情緒就會起伏不定。你認為某件事很糟糕，就會產生相應的情緒，反之亦然。停止批判就能停止情緒的起伏波動，讓情緒不再大起大落。

舉個例子，當你的閨蜜將你囑咐要保密的祕密說出去後，你認為她不忠誠，是個叛徒，你決定不再見她。然後在第二天，你又會因你之前的態度向她道歉，因為你意識到，她雖然把你的祕密說出去，但這其實不算什麼。對你來說更重要的是，她在你離婚後提供你住宿，在你傷心難過時陪伴著你。這一切都說明，你在情急之下只會看到發生的事情，而無視你們之間的整體關係。

改變批判的思考模式

如果我們經常練習做某件事，在這件事上就會表現得愈加出色，這同樣適用於訓練思考。你的思考裡批判成分越多，就越容易自發地進行批判性思考，當你練習放下批判時，就會減少批判的次數。因此，不要總是對日常事物做出批判，這非常重要。要想對大事不做批判，就要從小事練習。

放下批判

如果你的腦袋裡一直裝著批判的想法，你會發現總有那麼幾天，這種想法特別多。然而，你的批判性想法的數量不是最重要的，你的目標是：對那些想法不要信以為真，不讓那些想法影響你的情緒。

你可能常常做出不假思索的批判。要多去察覺自己做出批判的頻率，這有助於改變自己的思考方式。

計算你的批判數量

選擇一天的時間來計算你的批判數量。在那一天裡，計算出你的批判性語句和想法的數量，不管是積極的還是消極的，對自己的還是對他人的。可以考慮設置一個鬧鐘提醒你關注自己的批判行為，留意那些表達絕對性或極端的詞語，例如「總是」和「從不」以及做比較的詞語像是「更好」和「更糟」，因為這些詞語通常都表示你開始批判了；還要留意表達罵人的詞語，比如「蠢貨」或是「笨蛋」，這些也是批判性語言。

如果你計算出自己一天使用了大量的批判性語句，那麼學會放下批判對管理情緒有很大幫助。如果你不是個喜歡經常批判的人，學會放下批判對你而言要容易得多。

要有決心放下批判

任何時候要想改變你的行為，其中一個很重要的步驟就是向自己承諾，也就是你要有決心放下批判。你要先確定自己想放下的批判是什麼，然後寫下理由。請記住，練習放棄是很重要的，即使放棄的是看似無傷大雅的批判，但這可以幫助你在處境艱難時表現得更出色。

為了幫助你下定決心，請回答下面問題。

1. 你對他人的批判是如何影響你的生活？他人對你的批判又是如何影響你的生活？
2. 批判對你有什麼用處？有什麼傷害？
3. 是什麼原因導致你認為停止批判是很重要的事（或者不重要）？
4. 如果你不去批判他人，你們的對話會有什麼不同？
5. 如果你不自我批判，你的生活會有什麼不同？

下定決心、做出承諾都是為了讓你肩負起應有的責任。例如你決定在六個星期內，要使用本章裡的一個或多個方法練習放下你的批判（你可以先繼續往下讀，讀完本章後再做練習）。可以考慮在日曆上標注一個時間期限，然後每天檢查。可以自己設計一個提醒物，例如一個象徵你對自己做出承諾的東西，可以是佩戴或者攜帶的物品（像是手鐲、戒指），或是在你家裡和辦公室裡到處貼上便利貼，提醒自己放下批判。你也可以每天寫日記幫助自己堅持訓練，或是和別人合作，每天或每隔一天一起討論你們的體會。

在六個星期快要結束時，寫下你在情緒管理的能力上發生的改變。記錄這些改變非常重要，它能幫助你看到自己的進步。

辨識批判並遠離它

一旦你越來越能察覺自己的批判行為，下一步的做法就是將它們辨認出來，讓它們遠離你。當你意識到，你已經對一個情境或是一個人做出批判時，就對自己說「那是一個批評」，然後繼續你正在做的事。你可能不得不重複這個過程好幾次。要想減少批判對你的心情和行為所產生的負面影響，需要不斷練習讓自己的行為不受批判左右，或是信任自己的判斷，並讓批判遠離。隨著時間的推移，你會很熟練地說「那是一個批評」，然後繼續當下的生活。

停止拿自己與他人做比較

如果你是高敏感情緒者，可能會對自己是否適合各種團體，或者與其他人能否和諧相處超級敏感。你可能意識不到，其實你只是在與某些方面優於你的人比較，這種比較就像是和一個CEO比較各自事業成就的大小，或和瑪莎．史都華（有「家居女王」之稱的企業家）去比較自己家政能力的優劣。很顯然，你只是讓自己相形見絀。此外，你可能意識不到，如果拿自己的強項與他人比較，其實也是在對他人做負面批判。

改寫批判

如果你能重新組織語言表達你的想法和說法，就可以避免使用批判性語言。像是「巧克力冰淇淋比香草口味的冰淇淋更好吃」是一句批判性語句，而「與香草冰淇淋相比，我更喜歡巧克力口味的」則是一句清楚表達喜好的句子。

透過改寫批判用語，你可以把批判變成你的目的，例如把批判用作對他人成功的褒獎和欣賞，這樣你就能練習放下批判。你不會再說「她的服裝搭配看起來總是如此完美，而我就是個十足的阿宅」，而可能會說「她非常善於服裝穿搭，我也想學習」。你也不會再說「她認為自己比任何人都出色」，而是說「她一直在進步，我希望自己也能像她那樣」。

不使用批判語句

重新表達下面的語句，去掉批判性語句。

1. 我在工作中比任何人都機智聰明。

2. 凱西總是能吸引到那些迷人的傢伙，我卻是個失敗者。
3. 每個人都認為戴夫很棒。他身上到底有什麼能讓他如此特別的特點？
4. 我一點也不可愛，沒有人會關心我。

請記住，練習停止那些看似有傷害性的批判是很重要的，因為你是在學習一種思考方式。把下面的句子改成表達喜好的句子。

1. 那張床好嚇人。
2. 我的手機是最好的。
3. 每個人都知道你是個笨蛋。即使地球上只剩你一人，我都不會和你去看電影。
4. 迄今為止，在所有生產出的汽車中，那輛車是最棒的。

正確表達事情的後果和自己的情緒

透過批判的方式，你通常是想表達某人的行為可能會造成不良的後果。但是，你其實可以做到不帶任何批評，清晰表達事情的後果和你要表達的內容，例如停止使用「好」和「壞」這樣的詞語。

假如你對後果和行為有著強烈的情緒，那要確保你的語句真正表達出了那種情緒。例如，「那個傢伙是個壞人」就沒有表達出你的情緒，而只是在批判他人，而「那個傢伙因為打他的女友被抓起來了，我很害怕他的女友會回到他身邊，她又會受到嚴重傷害」，則表達出你的情緒。

不帶批判地表達情緒

練習重新表述下面句子，把事情的後果和情緒不帶批判地表達出來。

1.（你被指控拖欠帳單）我真是愚蠢——我從來沒有注意到，難以相信我總是一遍又一遍犯同樣的錯誤。

2.（老闆糾正了你報告上的一個錯誤）他就是想找我的碴，對我不公平——他恨我，就是想要開除我。

3.（你總是不能如期與你的朋友一起吃午餐。之前就失約過，你的朋友很生氣）我是一個失敗的人，我把一切都搞砸了。

4.（你不知道家庭作業怎麼做，因此成績很糟糕）你是一個不稱職的老師，真不敢相信你能擁有這份工作。

5.（你把朋友的車弄出個凹痕）我真是個沒用的人，我做事從來都沒做好過。

6.（你的老闆拒絕你提早休假的請求）他恨我，就是想讓我生活過得不順。

7.（你與一個重要的人關係破裂了）我將永遠孤獨。

運用智慧，假設他人居心良好

高敏感情緒的人疑心病很重，能看到無處不在的危險，這讓他們感受到如颶風般的情緒打擊。想像你正在參加一個聚會，你的一個好友（也在聚會上）很少和你交流，你就認為她討厭你，因為你之前和她經歷了一件不愉快的事，你相信她把你犯的錯誤到處跟別人說。事實是，她在為女兒取消婚約而難過，躲避你其實是因為她還沒有準備好和你談論此事。在這種情境下，當你沒有證據證明你對朋友言行的負面想法是對的時候，應該重新表達你的想法，例如「我不知道她在想什麼」。有鑑於這種情況，你可以先假定她是你目前最好的朋友，這樣才能更積極看待她的行為。

積極的假設

你對他人行為的批判會因為你假設的不同而不同。你可能假設別人在針對你，也可能假設別人對你感興趣。

在接下來的一週裡，你需要積極假設：你認識的所有人都對你有著良好的意圖。請提醒你自己，要時刻保證思想與行為的一致，即使你可能不喜歡你情人的某些舉止，但你一定要將你們的關係置於第一位，而不是讓日常的煩擾或恐懼控制了你對他的想法。這樣，你會發現你們的關係愈加牢固，你的心情也愈少低落。

練習對他人、對自己的悲憫之心

如果有人幾次從大學退學，你可能會認為他缺乏責任心，或是被家人寵壞了。你會根據他退學這件事去判斷他的性格特點。但是，如果你用一種悲憫之心去批判，你會對他的遭遇感到遺憾，會認為他一定是有什麼不得已的苦衷才會退學。對他人及對自己表達更多的悲憫和同情，能夠幫助你減少批判。

學會放下對他人和自己的批評是件很困難的事情。在你努力改變和盡可能做到最好的過程中，練習自我同情。你不要再說自己是個無可救藥的人，而要說「改變是需要時間的，我需要對自己有耐心，才能一直堅持不懈，並達到自己的目標」。

自我懲罰不是一種好的激勵方式

你可能堅信，如果不懲罰自己，就永遠不可能把事情做好或者讓自己改變。你可能認為，完成目標的唯一動力就是對自己進行情緒折磨。例如，如果你不稱自己是個「胖子」，就不能成功減肥。

但是負面的批判的確會讓你氣餒並且使你難以達成目標，這也是為什麼一場足球賽的啦啦隊會大喊「加油！」的原因。你能想像他們在比賽場邊用嘲諷的口吻喊道「沒關係，你們這些沒用的人」嗎？那樣絕對無益於運動員努力拼搏，取得勝利。

所以，要多加注意腦海裡縈繞的各種懲罰性想法，你可以將它們看成是「沒用的想法」

或只是「想法」而已，但事實上它們會對你造成損害性影響。對自己說些自我同情的話，例如想想你會在同樣的情形下對你的朋友說些什麼。對自己表達悲憫、同情，並接納自己，在很大程度上可以幫助自己實現想要的改變。

當他人批評你時

別人對你的批評會使你產生諸多想法和情緒，但是你無法控制別人的行為，所以對你而言，重要的是你要擁有一些技能管理這些想法和情緒。練習使用正念的方法，讓自己的情緒暫停一下，對他人的批評不要立刻做出反應。如果有必要，也可以休息一下。運用第二章裡介紹的技能，可以幫助自己平復情緒。一般狀況下，如果可能的話，在你能進行清晰思考之前，不要做出任何回應。

你也可以使用本章所概述的技能：辨認批判、放下批判，而不要根據批判來確定你是誰；重新表述對自己的批判，去掉批判性詞語，讓自己看到事實的原貌。如果能從那些事實真相中汲取教訓，那就關注這個教訓本身。練習對自己及他人抱有悲憫之心。

本章總結

高敏感情緒的人通常會對自我、世界及他人充滿各種批判。要想讓自己每天少受情緒的困擾，放下批判是最有效的方法之一。要練習精準描述情境及其後果，以此替代批判性的表述。練習對人抱有悲憫之心，以及對他人的意圖抱有正面的想法。儘管這些內容都頗具挑戰，但能讓你的生活更為平靜，更準確地看待自我，並且提升你與他人的關係。

第七章

學習做有效的決定

高敏感情緒的人通常在做決定時會有很大的情緒波動。你原本應該在重要的時候保持頭腦清醒，卻讓自己陷在強烈情緒中，甚至在做日常決定時，例如開會要穿什麼衣服，或是帶朋友去哪裡吃飯，你都覺得很困難。

每當情緒化時，你的思考過程都會變得更加複雜和艱難。所以你要對某個情境的實際情況考慮周到，這樣才能做出正確的選擇。也就是說你需要知道自己想要什麼，預測可能的後果，以及在必要的時候做出妥協。

情緒的兩難

情緒會透過很多方式阻礙你做出正確的決定。當你過於焦慮或特別失控時，你就不能仔細分析你的處境並做出理性的選擇。你可能過於擔心失敗的後果或他人的反應，因此不敢冒險做一個決定。你會相當專注於你在某個時刻的需求，而無法充分思考那個選擇會帶來的長期後果，所以你可能無法很好地判斷形勢，不了解做決定的過程中你會遇到的困難，你還可能會低估或高估你在解決問題中所付出的努力。如果這樣，你會輕易變得氣餒，在你的解決辦法還沒見效前，你就開始心灰意冷了。

高敏感情緒的人容易出現情緒兩難的問題，進而影響他們做決定。接下來的問卷表，能夠幫助辨別你處理問題和做決定的方式。當你了解了做決定的風格後，任何時候你在做決定時，就更能覺察到自己可能面對的典型問題。

測驗你做決定的類型

在下面你認為符合自己情況的描述前打勾。

1. 我能好幾天不去思考需要做的重要決定。我讓自己忙於別的事情，像是閱讀、健身、聽音樂及打掃房子。
2. 當我需要做決定時，通常會和那些做決定比我強的人討論。
3. 我不能忍受不同的選擇帶來的可能結果。我會跟隨自己的想法去做決定，即使所做的決定會帶來不太好的後果。

4. 當我做決定時，會被焦慮的情緒吞沒而不能理性思考。為了趕緊完成這件事，我會隨意做出選擇。
5. 當我在斟酌各種選擇時，會陷入重複思考中。一直懷疑自己是否漏掉了什麼重要的訊息，而會做出錯誤的選擇。
6. 一旦面對決策，我就會憂鬱，會經常就此放棄做決定。
7. 我會對每一個決定做一次徹底的調查。有的時候，大量的訊息會使我情緒失控。
8. 我錯過了完成任務的最後期限，因為我忍不住要去思考所做的決定中的利弊問題。
9. 我不知道如何做決定，所以有時會延遲做出決定的時間，直到我不再需要做出決定為止。因為我沒有精力來思考這個問題。
10. 我不做決定的原因是我不在乎。
11. 我知道自己經常做出的重要抉擇都是錯誤的，因為我容易聽信他人。
12. 如果別人在為某事做決定，我通常會認同他人的想法。
13. 我是根據自己在某一刻的需求做出重要決定，而並不會權衡自己的選擇是否明智。

14. 我不擅長推遲做決定，我會匆忙行事，卯足了勁勇往直前。

15. 我害怕做決定，因此我只是做出一個選擇，然後期待最好的結果。

16. 當我需要做決定時，會迴避任何與此相關的訊息和資訊。

17. 對我來說重要的是，要每次都能做出最好的選擇。因此，我想要一次就獲得所有可能的訊息。

18. 我會輕易接受看似不錯的想法，但是通常這些想法都不能解決問題。

19. 我容易對自己說「不」。

20. 我會迫不及待想得到現在就想要的東西，即使等待會更明智。

21. 我很難對別人說「不」。

22. 在做決定時我會有挫敗感，總感覺自己會一事無成。

23. 我只是讓事情順其自然地發生。

24. 我會盡可能拖延時間不去做出決定和解決問題。

25. 在面對抉擇或問題時，我通常會感覺自己麻木不仁。

得分：從下面的分組裡找出你選擇的句子數量：

4、14、15、18（衝動型）

5、7、8、17（過度分析型）

1、16、23、24、25（被動型）

2、11、12、21（依賴型）

3、13、19、20（任性型）

6、9、10、22（失敗主義型）

如果你勾選了三個以上的句子，那麼括弧裡的類型描述大致就是你做決定的風格。下面是針對每種類型的說明。

衝動型

你在解決問題和做決定時焦慮感常常非常嚴重，這導致你無法進行清晰地思考；你想盡可能快速解決問題，度過這個階段。為了實現這一目的，你可能會說不在乎結果會怎樣。最終，你選擇的後果往往會超出你的期望，而讓你更加懷疑自我，甚至變得更加害怕做決定。

過度分析型

儘管這種類型也是情緒高度焦慮所導致，但是它和衝動型完全相反的是，你只思考而沒有行動。你將所有可能的選擇都詳盡思考一遍，然後反覆地回味。你知道自己偏愛哪種選擇，但是還是會推遲做出選擇，因為你擔心這個選擇不是完美的。你永遠在煩惱「要是……會怎樣」的問題。你會很關注每個選擇的負面影響，以致於你遲遲無法抉擇，直到現實為你做出了選擇。例如大學選課期限過了，你將不能再選擇學習你想上的課程。

被動型

你根本就不承認自己有問題，無視問題的存在、拒絕思考或者不願考慮令你不寒而慄的決定。有時候，你盡力想要擺脫焦慮情緒，讓他人替你做決定，但你經常不願依照別人替你做的決定採取行動。你通常不去做決定，或者會一直等到迫不得已時才做決定。

依賴型

你會過分關注別人的言行舉止，徵求他人的意見，你會覺得他人對你的選擇所做的闡釋很有道理，並認為那就是你最好的選擇。當你從不同的人那裡獲得不同建議時，會變得猶豫不決，你會贊同並接受你最近聽聞的觀點和建議。你可能會指責給你建議的人，因為他的建議最終沒有見效；你也會為了避免衝突而做出選擇，卻不是選擇真正有效的做法。

任性型

你會根據自己的需求，而不是依據事實或證據做出選擇，不想去考慮事物的利弊。你的行為表現出你能排除任何障礙來做出想要的選擇，執迷於你認為唯一能令自己滿意的選擇上。

失敗主義型

在面臨抉擇時，你會立刻氣餒並期待最壞的結局。灰心喪氣會迅速讓你陷入深深地悲傷之中。你會經常說：「我放棄。」你也會痛斥自己，認為自己有問題，覺得遭遇的事從來都沒有好結果。

了解你做決定的風格（可能不止一個類型），能夠幫助你察覺自己在面對選擇時的行為方式，這也將幫助你了解怎樣才能做出更有效的決定。在閱讀本章剩餘的內容時，請記住自己做決定的風格。

接納，再次接納

你可能認為自己會接納「做決定」這件事，但是知道和接納是兩種不同的概念。如果大聲抱怨出現的問題，認為一切本不該發生，或是為此指責某個人，那就不是在接納你面對的問題。接納「遇到的問題」是讓你能認知到：生活中會出現問題是很平常的事情。畢竟在整個人生中，你都需要去解決問題和做出艱難的抉擇。

例如「我不需要解決這件事」或者「我無法思考這件事」的想法，會阻礙你對問題本身的接納，成為人生前進的障礙。在做決定時產生的怨恨、悲傷、憤怒和恐懼的情緒，也會使你無法進行有效率的思考。你要關注並接受這些想法和情緒，將自己的注意力重新放回實際的情況和你的選擇上。如果你認為自己必須暫時擺脫此事，需要休息一段時間，那你要確定自己的決定不會帶來負面影響。例如你決定放棄一份工作，或是放棄一次參與社會活動的機會，此時你要清楚知道該怎樣利用這段休整期來管理自己的情緒，從而可以變得泰然自若，能夠做出不偏頗的決定。

如果你傾向於衝動型的方式做決定，那麼練習正念法（見第四章）可以幫助你在採取行動前讓情緒暫停。這意味著你要不急不徐地從情緒中抽身出來去觀察，同時也要意識到你的情緒正在蠢蠢欲動。在面對一個決定時，要學會等待，如果可能的話，不論當下多麼想採取行動，都要保證自己能夠思考一段時間再做決定。這讓你在做決定時有機會更仔細思考和梳理情緒，並且練習使自己不為痛苦情緒所困。

如果你傾向於使用依賴型的方式做決定，那麼正念會對你有所幫助。當你關注自己的內在體驗時，將更能察覺自己的喜好，即使別人與你的喜好可能不同，你也能從了解自我認同（見第八章）中受益匪淺。了解你的價值觀和目標，將有助於引導自己做出日常的決定，你會因此給自己更多的選擇。為了解決困境，你可以考慮向不同類型的人徵求意見，包括那些具備不同觀點的人，然後思考並判斷所有的建議中哪種最好。如果你能將每一種選擇的利弊都寫下來，最終做的決定會更理性。

如果你傾向使用被動型的方式做決定，第二章中討論過管理情緒的方式會對你有所幫助。在面臨選擇時，你要給自己設定一個最後的期限，無論有怎樣不安的情緒，這個期限都能促使你採取行動，這種挑戰很有意義。對於不會導致重大後果的日常決定，例如去哪裡吃飯這樣的事情，你只要給自己限定五分鐘時間就好；如果這個決定會對你的生活產生較大的影響，例如是否要接受一個工作機會，就給自己一到兩天的時間作為期限（只要你不會錯過最後的實際期限，時間長一些也沒關係）。

如果你傾向使用任性型的方式做決定，你需要寫下所有以前自主做出決定的經歷。在發現自己又要任性做決定的時候，可以讀一下自己寫的內容，提醒自己不要再任性行事。同樣的，你可以用心寫下每一個選擇的利弊，充分、均衡地考慮每種可能的選擇。你一定要考慮每種選擇可能帶給你的人際關係，以及你對自我看法帶來的後果。當發現自己執著的選擇可能會導致無望或無效的結果時，想想為何會覺得這個選擇對你如此重要，你能從中得到什麼？選擇另一種方式是否可以獲得更重要的結果呢？像是如果你想獨立生活，可以選擇住在一間公寓裡，或是和某人同住，但是應該還有一些別的辦法。有時候，當你了解了自己的需求時，就能夠找到其他方式解決這個問題。

如果你傾向使用過度分析型的方式來做決定，你也可以給自己設定最後的期限，然後為自己能如期做出決定給予適當的獎勵。反之，就要面對不良的後果。在做出最後的選擇後，如果你的選擇不盡完美，你可以利用放鬆法和轉移注意力（見第二章）來應對由此產生的恐懼情緒。

如果你傾向使用失敗主義型的方式來做決定，你大概會認為自己滿身瑕疵且總是把事情搞砸，這就是你為何不能做決定的原因。練習放下批判（見第六章），才能將注意力集中在如何做出有效決定上。你可能也想運用觀想來看自己是如何一步一步做出決定的。

本章的練習可以幫助你學會做出決定的技巧。如果現在需要做一個重要且有時限的決定，首先要讀通書中所有的內容，然後再做各項練習。你會發現，在將來任何時候，這些有關做決定的觀點都會對你有所幫助。

將你的決定和情緒分開

如果你是高敏感情緒者，會因為難以做出決定而痛苦不堪，這種情緒又會反過來阻礙你做出最佳的決定。例如，你現在面對的問題可能是沒有足夠的錢來還清帳單，那麼，獲得一份新的工作，或許是解決這個問題的最好辦法。然而當你思考要投履歷表找工作時，你認為「我想去工作，但是擔心沒有人願意僱用我」。這種表述裡其實包含了一個解決方法（找工作）和一個情緒困境（你害怕失望，或者如果沒人給你工作機會，你會覺得羞恥）。用上面的方式來表達你的困境，其實會讓你面對問題時麻木不仁，不再採取必要的行動——因為你害怕由此產生的情緒性後果。對失敗主義逃避者來說，情緒與問題混雜在一起，這會讓他們感到更加棘手，他們會認為那些問題都是無法解決的。

對於自己討厭的情緒感到恐懼，會讓你看不清自己的需求。在上面的例子中，你想要並且需要一份工作，那就是一種解決辦法。你面對的情緒挑戰是：要應對和處理找工作時出現的失望及其他困難情緒。

在面對一個艱難抉擇時，問問自己：我想要盡力解決什麼問題？我的首要目標是什麼？

是什麼樣的情緒在阻礙我達到目標？這樣的方式可以把解決辦法和情緒挑戰區分開來，能讓你更看清楚問題。

例如，你想和你的男朋友傑克分手，這句「我不想再承受傑克對我發脾氣了，我想和其他人約會」，並不是在解釋問題本身，而是將你所期望的選擇和你的情緒合二為一了。這會讓問題看起來複雜不容易解決，因為你不可能做到一石二鳥，用一種方式解決兩件事。如果將情緒從問題中梳理出來，那麼解決問題的辦法就會一目瞭然，再將解決辦法付諸行動，這其中的情緒問題也就清晰可見了。在上面提到要和傑克分手的例子中，你所期望的結果是和別人約會，你遇到的情緒問題是你不想承受傑克對你發脾氣。由此看出，你在此事上遇到的問題的確是情緒管理問題，意識到這一點，你才能好好處理傑克對你發脾氣這件事。大部分的解決辦法和決定，都會帶給你情緒性後果，要想做出有效的決定，就需要去應對解決問題過程中出現的情緒困擾。

在做決定和解決問題的過程中，你必須能夠接受任何一個決定可能帶來的情緒後果。如果你做了一個決定但對結果懊惱不已，你會感受到持續不斷的痛苦。有時候，我們是無法避免不如意的後果。

檢驗情緒性後果

在下頁的練習裡寫下一個你正在考慮要做的決定。在你的決定下方，列舉可能會產生的積極和消極的情緒性後果。例如你在考慮辭職，一個可能的直接結果就是輕鬆，而長期的後果可能是後悔或悲傷。最後，基於你所期望的情緒性後果，寫下你做這個決定是一種逃避行為，還是對情緒訊息的有效使用。如果你因為自己的錯誤而考慮辭掉一份你喜愛的工作，那很可能就是逃避。你要知道這兩者之間的不同之處，當你是在逃避時，你的內心會感覺不安或焦慮，有可能還會情緒失控；當你是在有效利用情緒訊息時，你可能會對所做的決定感到悲傷、快樂或痛苦。

做這個練習時，可以參考下面與你做決定的風格相符的建議。

- 過度分析型：讓自己停止反覆思考「要是……會怎樣」的問題。將注意力集中在「現在面對的事實」上。
- 失敗主義類型：留意自己是如何看待讓人絕望的處境，保持這樣的狀態，不要半途而廢。採取行動，履行自己列出的所有決定。

- 衝動型：要從容且審慎地練習，採取措施應對你的焦慮情緒，這樣才能做到三思而後行。
- 依賴型：按照你自己的想法完成練習，不去管別人會如何想、如何說、什麼是「正確」的想法（你要清楚了解自己的想法後，再去聽取別人的意見）。
- 被動型：給自己設定一個最後期限，督促自己採取行動。
- 任性型：仔細練習並準確無誤地考慮所有可能的選擇。就像做實驗那樣，嘗試選擇最有實際作用的方案，然後盡量具體想像這個方案的結果。

分析你的決定帶來的情緒性後果

決定：＿＿＿＿＿＿＿＿

直接的後果

積極的：＿＿＿＿＿＿＿＿

消極的：＿＿＿＿＿＿＿＿

長期的後果

積極的：______

消極的：______

是逃避還是有效的？______

______

舉例說明：

決定：我想回到學校完成我的學業。

直接的後果

積極的：我很高興能和朋友在一起；我為自己感到驕傲；我的父母也會為我感到驕傲。

消極的：我又不得不學習了；我害怕考試不及格；我的生活可能會變得拮据；我不能買那些我喜歡的衣服，或如往常一樣經常出門了。

長期的後果

積極的：我能得到一份我很想要的工作及較高的薪水；我覺得自己更成功了；我可以做更多的事情來幫助他人。

消極的：我必須要多繳稅；我的工作要求會更高。

是逃避還是有效的？不回學校是逃避，而回學校上學是我真正想做的事。我真正想要逃避的是考試不及格，以及缺錢給我帶來的恐懼感。為了達到長遠目標，我需要做一個計畫來應對短期的挑戰。

回顧你所寫的內容。有些決定會在短期內讓你產生積極或消極性的逃避，但從長遠來看，這些決定會阻礙你滿足自己的需求，那麼就需要擬定一個計畫來應對這些短期挑戰。例如當你在工作中犯錯時，可以尋求一個朋友的支持，或者回顧你在工作中曾經獲得的成功，讓你的心理有所平衡，找些其他可以安撫自己的方式（見第二章）。

總之，要能為自己的失誤負責，並找到辦法彌補錯誤，或者制定一個能讓自己進步的計畫。本章後面有一些觀點是關於失敗的討論，會對你有所幫助。

要不／或的思考方式

高敏感情緒者的思考容易絕對化，給自己的選擇範圍非常侷限，例如回學校上學，或是不回學校上學。無論何時，你在面對一個要不／或的決定時，都要想想是否還有其他方案。在剛才的例子中，除了在職讀書或者申請一份新工作，可能還有別的方案能滿足你的需求。例如你願意花時間和精力出去旅遊，或是在一家你感興趣的公司裡實習。你對問題的焦慮會削弱解決問題的能力。因此，要盡量打開自己的內心，保持思考的靈活性。要記得問自己，除了考慮這兩種你喜歡的選擇外，還有什麼別的選擇？

要不／或的思考方式，會影響你評估解決問題的方法。當你認為自己的行為要不是「對的」就是「錯的」，這會讓你覺得自己的辦法總不能完美無瑕。任何時候，只要你批判自己的解決辦法，就是在打擊自己解決問題的自信心。

練習：拓寬你的選擇範圍

在下面的表格裡，列出你正在解決的問題，然後列出你正在考慮的選擇，最後列出你能夠想到的其他選擇。例如，你可能在考慮是否要和朋友一起去看電影，你可以想想其他選擇，像是去健身房、探望家人或者結清你的稅款。儘管你可能會對一個或更多的選擇缺乏信心，例如「那會花費太長時間」、「我還沒有聰明到能做那件事」，但只要你多關注那些想法，然後讓情緒消失，並且不排除任何其他選擇的可能，或者可以再多花點時間更仔細評估這些想法，你就可以正確做出選擇。

問題	要不／或的選擇	其他的替代選擇

回顧表上第二欄和第三欄裡的選擇，劃掉那些你的確不感興趣但不令你害怕的選擇，或者你認為自己不可為的選擇。按照自己的偏好給剩下的選擇排序，然後寫出每個選擇的利與弊。請記住要結合事實，這個過程將幫助你更靈活思考所有選擇。

在解決問題時做出最好的選擇

通常來說，高敏感情緒者在做決定時，會先考慮很多待解決的問題，這會導致他們止步不前。一名想成為醫生的大學新生想到必須要在醫學院讀這麼多年書，他開始困惑，不知該如何順利熬過如此長的時間。這就如同一個七歲的孩子不知道該怎麼讀完《白鯨記》（*Moby Dick*）。所以，你可以像兒時學習字母那樣，每次只學習字母表裡的一個字，一步一個腳印解決問題，完成既定的目標。

聚焦在小步驟

你可以在日記本或筆記本上寫下解決某個問題的一種方式。然後，羅列出這個解決方式的所有步驟，將每一步驟分解得越細越好，然後單獨寫下來。先施行第一個步驟，接著依次完成後面的每一個步驟。你可能會在執行時修正這些步驟，這樣並不表示你的解決方法沒有效果，而是說明在你推進計畫的過程中，需要不斷調整計畫，但這是很正常的事情。

有時候高敏感情緒的人，尤其是傾向以衝動型方式做決定的人，往往不願意採取行動來達成他們的願望。

艾米麗目前失業中。她因為各種缺勤已經丟掉了好幾份工作，這通常發生在她被上司批評後，或是她自認為被上司批評之後。她想獲得一個高階管理職位，但是她不情願接受上司的批評，導致她的事業一直停滯不前。

當你從大局考慮需求時，想想是否願意，或者能否為了取得成功去完成所有必要的步驟。假如你想創建自己的公司，你需要在公司能夠盈利之前有錢維持生計；假如你想從家裡搬出去住，你需要找到辦法支付租金、押金及交通費。你要確認自己需要完成的諸多小目標，這樣才能達成更大的目標。

一旦你做出一項決定，就要做好準備在每一個步驟中迎接任何可能出現的阻礙。你要告訴自己：可能需要額外的時間來應對不可預期的困難。此外還要意識到：有時候無論你對這個決定做過多麼細緻入微的斟酌，這個決定都不一定會有效，還是要準備一個備選的方案。所以保持機動靈活性，能夠幫助你獲得成功。

應對失敗

沒人喜歡失敗的感覺，但是如果你是高敏感情緒者，你大概會將失敗的決策或行為視為「你就是一個失敗者」。你會把老闆、朋友及其他人對你的任何負面回應，都視為是個人對你的排斥，你會因此產生不愉快的羞恥感。在這種情況下，你會對自己做的每個決定都感到苦惱也就不奇怪。除此之外，你會認定自己永遠都是失敗者，而且不會認為這些失敗只是暫時的、是學習成長的一部分。假定你有這樣的觀點，你當然只會讓自己冒最小的風險，無論你是在安排一個生日聚會、學習一門課程、選擇度假地，還是決定晚飯做什麼，都可能在做到一半時就輕而易舉放棄。

每個人都會在某些情況下失敗。試圖達成的目標越多，失敗的機率也越高。改變自己對失敗的看法，能夠幫助你從錯誤中汲取教訓，更好做出決斷。

如果你能將失敗視為一次學習的機會，就能意識到：當你試圖完成一項任務但是毫無效果時，仍然可以從中學到技能，學會更好理解當下的處境。即使你很清楚自己做什麼都毫無意義，這就是有意義的教訓，或許這是在告訴你，你要改變目標了。

另一個面對失敗的方式就是，承認你的成功。關注已獲得的成就能夠幫助你在失敗時不批判自己。你要盡可能細化想要實現的目標，明確規劃目標的每一步驟，這樣才能知道何時完成目標。你要清楚知道努力的方向，以及這個過程中的每一步，這能幫助你在躊躇掙扎時不輕言放棄。在此期間，你也要犒賞自己完成的每一步及堅持不懈的努力。給自己的獎勵不需要太昂貴，可以是些簡單的東西，例如一杯咖啡，或是你喜歡的一本雜誌。

你要學會把自己看成能夠成功的人，其中一個方法就是想像自己是成功的，你可以想像自己獲得什麼樣的成功。如果實現了自己的目標會怎樣？寫下你對成功的願景，一週回顧幾遍你想像的內容。

把解決問題看成是一種學習體驗

當你致力於將解決問題和做決定看成是一項技術時，就能夠發展出提升自己生活品質及降低情緒痛苦的能力。根據下面的標題製作一張表格。

問題	可能的解決辦法	潛在後果	嘗試的解決辦法	結果	我學到／得到的獎勵

對你在這週遇到的每個問題，盡量在表格裡寫下多種解決方案。要克服自己拖延的行為，充分徹底地思考每個問題或決定。假如注意到你在批評自己，那就放下批判（見第六章），專注於可能的解決方案。你也要仔細關注每個問題的其他選擇以及潛在的後果。選擇一個解決方案進行嘗試，如果這個方案沒用，就寫下你從這個經歷中所汲取的經驗與教訓。記住，要獎勵自己在整個過程中所付出的努力。

在這個週末，確定你選擇的解決方案，觀察其結果。如果你不能獲得自己期望的結果，那就評估一下，是否選擇了有效的解決方案，或是否充分思考了潛在的後果。

本章總結

如果你是高敏感情緒者，你會發現很難在做決定時檢查自己的情緒。有時你只是為了做出一個決定，困難情緒就會爆發。了解自己平常做決定的風格，可以幫助你找到管理情緒的方法，這樣才能更有效且審慎做決定。如果你想減少自己的壓力並促進情緒的平和，你就需要將注意力集中在長期的積極情緒上，而不是隨便做個選擇或做一些可以逃避痛苦情緒的事，也不要去做讓你在短期內感覺良好的事。

在你了解了自己的需求和人生價值觀後，就能幫助自己設定一個目標並有效地解決問題。這意味著你要清楚自我認同，這是下一章要討論的主題。

第八章

發展自我認同

許多高敏感情緒者可能不明白什麼是自我認同感，或者不知道如何發展自我認同感。你的自我認同（例如你是誰，或是你的自我觀念是什麼）包括你與眾不同的特徵，和你個性中長期具有的性格特徵，例如你的情緒敏感度。自我認同基於你所扮演的社會角色，像是丈夫、父親、兄弟和朋友，這些社會角色部分決定了你的自我認同感；還有一部分自我認同感是由你所隸屬的團體和文化決定的，像是你屬於中產階級，或者你是一個愛爾蘭人。除此之外，你的認同還包括指引你人生做出諸多選擇的價值觀和道德觀、你的友誼、你的職業等。

穩固的自我認同感可以幫助你不再被自己的情緒所左右。一旦有了自我認同感，你的情緒反應，尤其是你對人際關係困難的反應，就不會再那麼頻繁和強烈，你就不會經常將他人對你的批評和反應視為一種威脅，或以此定義自己的價值。你不再恐懼他人會拋棄或拒絕你，也不再掩飾自己的情緒，或因自己的情緒而感到羞恥。在做決定時，也不會不知所措，因為你很清楚什麼對自己是最重要的。

如果你的自我認同感不夠準確，或前後不一致，你可能會承受他人的情緒和掙扎，因為你不能區分自己和他人的體驗。你會發現，因為剛和一個情緒憤怒或痛苦的人講過話，你有了和他同樣的感受。此外，你可能會做一些與你性格不符、自相矛盾、長期效果並不理想的決定，你會感覺自己缺少一幅可引導自己人生的藍圖。因此，你會認定自己是個有缺陷且不正常的人，甚至開始憎惡自己（幫助你放下批判，請參見第六章）。

了解自我認同的發展

在你認同自我之前，它並沒有得到充分發展。你從人生經歷中知道了自己是誰，從某種程度上而言，你的自我認同感自始至終都在發展著。當你還是個孩子時，開始了解自己的喜惡、技能和天資，以及他人對你的態度來發展自我認同感。

然而，高敏感情緒的人通常接收不到別人對他們的準確反應，因為他們的照顧者不能理解他們的敏感，或者並不具備相應技能，像是他們不能理解某些行為和處境的困難，因此就無法給孩子準確的反應。你的家人和朋友可能會因為你的情緒問題感到尷尬和難堪，他們的反應促使你透過某種方式隱藏自己的情緒。別人可能經常告訴你，你不能像你表現出來的那樣難過，你只是在為所欲為罷了。很多時候，別人會對你的情緒置之不理。

你從他人那裡接收到的反應可能太消極，導致你認為自己——你真實的自我，被拒於千里之外。別人會告訴你，你太情緒化、太脆弱不堪、太黏人或者是「瘋了」。即使到現在，你可能還會覺得了解自我是件可怕的事，或是每當想到自我認同時就會有種恥辱感，這讓你痛苦不堪。現在，請深呼吸，然後好好了解一下你自己。

虛構的謊言和事實

隨著年齡的增長，你會越來越了解別人對你的一些看法。這些看法一直根深蒂固存在你的大腦中，你甚至都覺察不到，它們都是你根據他人的反應和一些沒有依據的事實而形成。如果你認為自己是一個累贅，那很可能是你的照顧者或生命中重要的人讓你有這樣的想法，他們可能忙於自己的生計，對你付出甚少。換句話說，你會有如此的想法，可能和自身沒有什麼關係，而是因為你的家庭覺得表現情緒是在示弱，或你沒考到好成績就表示你很愚蠢。當然，每個家庭都有各自的問題，這些誤解是比較普遍的。

你對自我認同的謊言也來自於你的經歷。假如你在兒童時期並不精通壘球或足球，就會認為自己不具備任何體育運動的能力。如果你的家庭喜歡從事體育運動，那你就會在「我不擅長任何體育運動」這個謊言的基礎上，塑造其他有關自我認同的謊言，例如「我不知道如何玩得開心」。儘管你的確不是一個優秀的足球運動員，但事實上你可能在其他體育運動項目上表現得很出色；即使你不是運動型的人，也可以在其他方面找到樂趣。

辨識自我認同的虛構謊言

在下面你同意的句子旁做記號。在這個列表最後，寫下你對自己的其他負面認識和想法。

1. 對他人來說，我是一個累贅。
2. 我是一個有缺陷的人，我不能被理解，我將被社會摒棄。
3. 如果我堅持自己的立場，就會成為孤零零的人。
4. 我必須把別人放在首要位置，這是我應該做的。
5. 我不適應這個社會。
6. 我需要有人關心我的情緒。
7. 我不得不發展一段浪漫關係，否則我將無法生存下去。

8. 我很脆弱，因為我有強烈的情緒。

這些都不是事實。在接下來的練習中，你將練習避免把這些謊言變成事實。

改變自我認同的虛構謊言

你對自我的認識影響了生活方式，但只要你對自我認識是準確的，就能以有利的處境做出決定，能了解何種情境是具有挑戰性的，能預測他人回應你的方式，並能確定你會喜歡的行為活動。如果你對自我的認識不夠準確，你就會對別人看待你的方式感到困惑，而且對自己缺乏準確的認知，也會使你更難管理自己的情緒。

總而言之，人們傾向於看到和他們觀點一致的事實，對其他的視而不見，這也是我們會經常接受謊言的原因之一。

拆穿虛構謊言

用上面練習中標記出來的謊言做一個實驗，積極尋找關於自己想法的反面訊息。例如，如果你標出了第一個謊言——我是一個累贅，那就去尋找你不是累贅的訊息。一定要努力並誠實思考，想想自己給別人生活帶來的好處，向你信賴的人詢問他們的想法。如果你標記出第2、3、7或8這些謊言，那就在新聞報導或你的社區裡，尋找否定這個謊言的例子——很多人都承認他們的缺點，但是他們並沒有被社會摒棄。現在回頭重新組織關於這些謊言的語句，讓語氣能更好地反映事實，幫助你對自我認同有更準確的認識。例如，可以把「我不得不發展一段浪漫關係，否則我將無法生存下去」改成「我迫切地想要擁有一段浪漫關係，以致於有時候我覺得缺了它就無法生存下去」。記住，接受事實真相，並不意味著你要用委曲求全、息事寧人或者不求上進的方式減輕痛苦，也不是要你減少為自己的人生目標繼續付出努力。

有時候，給自己編織的謊言以及對自己的錯誤認知是基於我們的習慣。你可能在年少時行事衝動，做了後悔莫及的事，例如離家出走或者言語粗暴，你可能因此會變得更加謹言慎行，不再衝動做決定。如果你從那時起就沒再衝動過，但你仍然認為自己是個衝動魯莽的人，那你對自己的認識就過時了，這就是你給自我的謊言。思考上面練習中辨別出來的謊言，是基於自己的過去還是現在？

有時，你只是根據一件或者兩件獨立的事件，就形成對自我認同的謊言，但是你卻對此深信不疑。多年以前，你可能對男朋友反覆撒謊，但是如果現在你並沒有在你們的關係中重複同樣行為，你就沒有理由認為自己是一個說謊者。同樣的，大多數人確實有一些無法引以為傲、並會帶來不良後果的行為模式。如果你容易陷入這些行為模式中，那麼改變這些行為模式就顯得尤其重要。透過下面的練習，思考那些無益於你的行為模式，這些模式反映了你是如何看待自己，以及它們是如何影響你的選擇和決定。

寫下你的人生故事

你需要寫下多年來生活中出現的主要事件，包括重要的失敗、成功事件，以及你從每件事中汲取的經驗和教訓。舉例說明你的優缺點。然後思考你人生的主題基調，可以是克服障礙、失敗、生存、自我激勵、悲憫、恥辱、掙扎、混亂、成功、滿足或忠誠等。

再回頭看看你所寫的內容，標記出你關注到的任何行為模式，這些模式很可能與你的人生主題相關。在你的人生故事裡，你通常扮演什麼樣的角色？你是個英雄嗎？是個反面人物嗎？是個受害者嗎？你是自己故事的主角，還是他人是你故事裡的主要焦點？

如果你不是主角或英雄，請你從另一個視角重新寫你的人生故事，但是要忠於事實。你是如何經歷艱難困苦不被打倒？給這個故事定一個積極的主題會有什麼不同呢？也許當你改變了主題定位，故事的情緒基調或描述故事的方式就改變了，也許你能注意到之前沒有關注到的後果。如果你覺得很難找到一個重新改寫故事的方式，那可能是因為，你人生的核心信念裡有一部分是自我認同的謊言，你很難用其他方式看待自己的人生。在此情況下，讓一個你信任的朋友來幫助你重寫故事。請記住，這個故事沒必要改成一個讓人愉快的版本，你只是想讓這個故事可以反映你身上顯而易見的優點和積極特質，或者只是想讓故事改進。

刻板印象

透過對刻板印象的研究，我們可以了解到，他人的信念對我們的行為有著強大的影響力。刻板印象就像謊言一樣，讓很多人認為所有個體都有一個共同的性格特徵或是某一種行為方式。

在一九六〇年代，羅伯特・羅森塔爾（Robert Rosental）和麗諾爾・雅各布森（Lenore Jacobson）在一所小學對所有學生做了一次測試。然後他們告訴老師，基於這次測試，有些學生在未來一年裡的學業成績會大大超過其他學生，而其他人卻不會。

這些被認定為「有天賦」的學生實際上是隨機選出來的，並不是根據他們在測試中的表現。到了這一年年底，這些被認為「優秀」的學生，智力測驗成績的確遠高於其他學生。

這是一個令人驚嘆的結果。學生自己和他們的父母都不知道，他們被認定為成績優異者，只有老師知道。因此，研究學者得出這樣的結論，老師會對那些被認為聰明的學生予以更多的期待，他們會做出一些有助於提高和促進這些學生學業的行為。

他人的期待不僅影響著他們對待你的方式，也影響著你的行為模式，刻板印象就是一種期待模式。總而言之，高敏感情緒者對自己的刻板印象就是懦弱、多愁善感、反覆無常、脆弱、不可信賴、容易被打敗、過度反應、難以伺候、比普通人缺乏專業性。這種刻板印象不僅影響著你看待自己的方式，還影響他人對你的刻板印象。

不論何時，當你認為自己的高敏感情緒特點是他人對你的刻板印象時，你就會害怕自己表現出「過多的」情緒，因此你的人際關係及你的工作將會受到影響。然而，你對自己情緒的嚴防死守會損耗精力和注意力，讓你不能全心投入到工作和人際關係中。

因為擔憂增添的焦慮，會使你更難管理自己的情緒。越關注那些焦慮，你就越有挫折感；越想讓自己不失誤，你就越可能變得驚慌失措。

你可能每天工作前都會下決心不要有任何情緒表現，生怕別人對你有負面評價。有時候擔心自己在工作時會因害怕而哭泣，你害怕一旦哭了，會被視為一個不夠專業或脆弱的人。恐懼和擔憂讓你疲憊不堪、難以應對，結果，你卻更容易哭。如果這種情況持續發展，你會認為自己是一個缺乏能力的員工，你的工作能力因此被削弱。雖然你不確定如果自己在工作場合哭泣會發生什麼，但恐懼依然存在。即使你不確定被貼上高敏感情緒者的標籤後會引發什麼事，但你仍然固執地堅信負面事件的確「會」發生。

那該怎麼辦呢？如果你擔心別人對你有刻板印象，認為你是高敏感情緒的人，你可以抬起頭對他說：「是的，我是高敏感情緒的人，我會儘快擦完眼淚回來。」或者你可以用幽默的方式化解某個處境，例如微笑著說：「不，我情緒太敏感了，不能看卡通片，因為裡面的內容太不現實。」如果你覺得自己的敏感情緒無傷大雅，其他人也就更不以為然。你需要練習的是，無論別人是否接納你，你都要接納你自己。

有些情況下，你不太能對自己的敏感情緒開誠布公，那你就要使用一些策略調整你的情緒，讓自己盡可能放鬆，你也可以透過降低自己的整體緊張程度達到放鬆。參見第二章中關於放鬆的練習和管理情緒的方式，以及第三章裡關於自我照顧的建議，練習放下對自己的批判（見第六章）和練習正念法（見第四章）也是有所裨益的。最後提醒自己，他人刻板地認為「高敏感情緒者」會有怎樣的行為並不準確，你可以想想那些具有高敏感情緒的偉大領導者，或者在你身上某些與刻板印象相悖的特徵，以此來說服自己。

別讓自我角色受困

你與他人交往時所扮演的角色是你認同的一部分。你可能在家裡扮演著一個角色，同時又以「高敏感情緒者」與人為友。更確切地說，你可能被視為「有愛心的人」、「擅長傾聽的人」或者「總是助人為樂的人」，你可能同時也會被看成「反應過度的人」或者「過於脆弱不能聽到壞消息的人」。

不論你扮演何種角色，你的角色都影響你對自我的認同。當你的家庭期望你按照要求行事時，你會感到一種強大的力量推動著你去那樣做。此外，你的角色會影響到他人對待你的方式。如果你是個「擅長傾聽的人」，別人可能就不會意識到，你也有被傾聽的需求。如果你被視為脆弱的人，別人就會對你保守祕密，或者不告訴你事情的真相。如果他們視你為一個「安靜的人」，他們可能就不會要求你參與他們的活動。

你的家庭成員和朋友可能沒有真正傾聽過你的抱怨，了解你受傷的情感，即使當你的反應與普通人並無兩樣時，他們也會將你的所有負面情緒歸結於你的情緒敏感上。例如別人會對你說：「你不會再給我找麻煩了吧？」而不會說：「我替你感到惋惜，你朋友搬家一定讓你感到難過吧。」他們這種說話方式對你並不公平。現在想想，你可以為自己做些什麼呢？

重新定義你的角色

你要詳細描述自己在家裡或生活中的角色並且寫下來，才能更了解他人的期待對你的行為造成的影響。你可以將這些描述寫在日記或筆記本上，或者只是寫在一張紙上，詳細寫下你在自己與密友之間所扮演的角色。一定要寫出是你的哪種行為舉止決定了你的角色。你的角色是如何影響你與每一個人的關係？你喜歡角色中的哪些東西，以及角色中哪些東西對你沒有幫助？

讀一下你寫的內容。現在寫下你要如何改變自己在家庭及朋友間的角色，以及需要怎麼改變你的行為表現。

例如你想讓自己在他人眼裡是個能夠傾聽但不會情緒起伏的人，你想要改變在朋友心目中扮演的角色，把自己從一個「會過度反應情緒的人」變成「一個很好的傾聽者」。你要意識到一個重要的問題，當人們在任何時候和你談及他們的問題時，你都會變得緊張並擔憂所有可能發生的糟糕後果，隨後，你會因為自己的過度反應而批評自己。因此，接下來你要做的計畫需要包含放鬆訓練，以此來降低自己的緊張感。每天練習正念能幫助自己關注當下，不去預想那些可能會發生的糟糕事情，你也可以練習專注傾聽和放下批判。

你要計畫一下如何改變自己的角色，每次選定一個或兩個目標，詳細列下能讓自己的行為煥然一新的具體技能。

追蹤記錄自己的進步過程，驗證是否每天都按照日程表練習每項技能，像是專注傾聽的訓練。這兩個步驟都簡單易行，你要在訓練期間給予自己一些獎勵，例如為自己的堅持不懈說一句讚美的話。你可以隨著練習的推進，逐漸增加其他技能的訓練。儘管你需要花些時間去實施你的計畫，但是人們會注意到你的改變，並以全新的方式看待你。因此，他們對你的期待也會發生改變，你會覺得自己更能駕輕就熟使用新技能。

空虛與自我認同

不是只有高敏感情緒者會在自我認同方面體會到空虛的感覺，普通人也會體會到同樣的感覺。一位高敏感情緒的人會把空虛描述成：「像一個冰冷的外殼，一個沒有人的空殼，裡面什麼都沒有。你感覺無法呼吸，無處躲避，令人窒息。」另一位高敏感情緒者描述的空虛是：「不知道你有怎樣的感覺，或是沒有任何感覺，不知道你的人生想要什麼。空虛是一個空空如也的黑洞，尤其在胃部和大腦裡。空虛就是虛無，一切都無所謂。你不知道會有什麼感覺發生……如果你能夠先感覺到什麼。空虛損耗著你，沒有人或東西能夠填補那種虛無感……」

你對自我認同的空虛感，看似是不知道自己是誰，不了解自己的感覺，或者不清楚想要什麼。這是一種空蕩蕩的感覺，一種虛無感。彷彿自己是一個玩偶，你只是按照外界的期待，或你身上被牽著的線繩做出回應。

空虛帶給人的不適感，會導致他們主動尋求痛苦。有些人會依賴毒品、酒精、工作、食物或其他強制行為來填補空虛的感覺，有些人則會變得過分依賴他人。事實上，多數感到空虛的人，為了尋求某種內心的慰藉，會讓自己圍繞在他人身邊，或者披上虛假的自我認同外衣，假裝自己能夠融入團隊。如果你有這樣的傾向，你可能會在身邊沒有人時恐懼倍增，因為空虛感會再次出現，你又會回到那種茫然不知的狀態中。

填補空虛意味著：你要建立自己的認同感，找到人生的意義，奉獻自我，以及做到與生命、他人緊密相連。練習正念法是建立自我認同的開始（見第四章）。透過正念，你可以專注當下，透過關注你的想法和情緒，了解自己的想法和喜好。你最喜歡什麼顏色？你最喜歡去哪家餐廳和朋友共進晚餐？假如你可以隨心所欲消磨一個下午，你會選擇如何度過這段空閒時光？如果你不知道這些問題的答案，可以做些試驗找到答案。你可以嘗試參加不同的活動，了解你最喜歡做的事。你也要安排一些時間來思考自己的精神領域，你信仰什麼？可能喜歡學習更多不同的靈性哲學。

關注你的人生價值觀。你最看重的價值是什麼？每天練習說出三件讓你感恩的事，這可以幫助你確認自己的價值觀。關注自己是以何種方式向他人伸出援手，或許你是一個很好的傾聽者，或是你的幽默天分能夠鼓舞人，你會定期幫助他人，隨時對他人奉上愛心。這些行為可能會指出你的價值觀所在。

如果你習慣藉由與他人結伴來掩飾自己的空虛，那你就需要做些獨立自主的活動，讓自己能夠一個人單獨待上一段時間，能忍受一個人的不適。你要努力去接受和填補空虛，而不是躲避它。經過一段時間的訓練後，你的生活將會變得更加平靜並收穫豐盈。

丟棄自我憎惡，建立自我認同

許多高敏感情緒者看似不喜歡甚至憎惡自己，但其中的原因各不相同，整體而言可以分成以下幾類：自我指責、接受刻板印象、不準確的自我建構、自己的生活與價值觀不一致、輕視自己、生活在因情緒敏感導致的痛苦中。放棄自我憎惡是一個複雜的挑戰。

停止指責自己

當事情變得很糟糕時，你可能為此指責自己或承擔起責任，這是兩個截然不同的選擇。假如你承擔責任，只要簡單承認這件事你要負責的部分就好。相反的，指責自己會給你帶來更加消極和自責的後果。

如果你是高敏感情緒者，你會更傾向在事情變糟糕前開始指責自己。你不允許自己犯錯，通常只依據一些負面的事情就指責自己，而不是先對事情「如何發生」進行評估分析。例如你的女兒生氣了，你會認為是之前對她說話太嚴厲或者處罰了她。你的老闆拒絕了你們工作小組的報告，你會認為是自己寫得太糟糕。這些理由都有可能，但是它們不一定就是真相，可能有別的原因。

極端的思考方式，包括完美主義，會增加你自責的頻率和嚴重程度。如果你專注在失敗上，就會為生活中大部分負面事件責怪自己，因而負面評價自己，導致情緒氾濫和波動。就像如果老闆讓你修正報告裡的一個段落，你會認為自己徹底搞砸這項任務。

你甚至認為，那些不幸的後果都是源自於性格缺陷。在剛才的例子裡，你會認為搞砸了這項任務是因為你做不好任何事情。把負面後果歸因於性格缺陷是典型的基本歸因謬誤。

基本歸因謬誤，是指人傾向憑個人內在的性格來解釋行為，而非依據外在情境因素。假設你這一週過得非常疲勞，每天都很晚回家，到了週末，你痛斥自己沒有洗碗。事實上，你沒有洗碗的原因是太勞累了，而不是因為懶。你可能用這種模式列出自己很多個性上的缺陷，甚至表達一大堆負面評價和厭惡，但其實你對自己的定論沒有基於事實。

你要了解，外在情境才是導致你行為的原因，這和找藉口不同。在上面的例子中，你只是不合理地認為，平時自己也能以完成工作的速度做好工作以外的事，也就是說，不論自己疲勞與否，你都能把所有事情做好。關注事實，能幫助自己接受事情的真相，讓你能更準確認識自己。

停止過度道歉

那些想要討好別人的高敏感情緒者，通常都擅長道歉。你可能會頻繁道歉，因為很在乎別人的感覺，你不想讓別人生氣或不悅。那麼問題是什麼？你可能會覺得道歉能讓這個世界多一些禮節。毋庸置疑，你為自己做了什麼讓人遺憾的事而道歉，這是值得讚揚的。但是，當你走進一間房間，撞到一把沒人坐的椅子，然後說「對不起」，或者你為今天下雨而道歉，又或是你因為有人生病而道歉……當你像例行公事似的為這些事情道歉時，就是認為自己要為所有人和事負責，甚至包括沒有生命的物體。你大概經常為你自己的想法和觀點，以及堅持自己的立場而道歉。這種做法其實是缺乏自信心的表現，別人會因此鄙視你，認為你沒有自信、缺乏力量或者能力薄弱，他們或許還會不重視你，甚至不願傾聽你的觀點，而你也會因此更加厭惡自己。

有時候，高敏感情緒者會因為對人際關係有很多恐懼和擔憂，而使自己為情緒所困。道歉可能是一種途徑，讓你可以再次確認你們的關係能存續，尤其當你允許別人把你的價值觀作為評價你的標準時。為了應對你的恐懼，你會頻繁向你的伴侶道歉。你甚至可能沒有察覺到，其實自己希望從他們那裡得到安慰。這種行為，可能會招來別人的厭惡，因此破壞了你視如珍寶的關係。

過度道歉會矇蔽對自己的認識

當你過於頻繁道歉，你可能對自己的真實感覺感到迷惘，因為你一直在關注別人的情緒反應。你沒有考慮自己道歉的動機，不知道你感到抱歉的事情是如何發生，甚至不了解自己是否真的有錯。你會下意識地道歉，只是想安撫他人。一旦你停止過分道歉，那麼你的情緒、價值觀和信仰就會顯而易見，這有助於你維持和提升對自我的認識。

過分道歉會破壞人際關係

太過頻繁的道歉，會讓你失去可靠的人際關係及別人對你的真心回應，因為你不能對實際問題進行探討，而且具有建設性的矛盾衝突也會被你的道歉阻斷。如果你不是在表達真實的情緒，別人大概會以同樣的方式回應你，也不會表達他們的真實情緒。在你們努力想要了解彼此觀點、分享彼此真實的想法和情緒時，你的過度道歉會讓彼此之間失去信任感。此外，你的做法也會使你錯失與朋友及家人一起分享人生點滴的機會。

過度道歉可能會使你的朋友認為，雖然你表現正直但卻過於脆弱。他們會保留真實的情緒和想法，因為他們認為你不能承受事實的真相。因此，你就不可能知道朋友對你的真實回應。你的過度道歉甚至會讓有些朋友認為，你們之間的關係太難維繫而離你遠去。

過度道歉會讓人覺得在你眼裡人們應該為任何的無禮感到抱歉。也就是說，你無法寬容任何事情。那些隨性的朋友和你交往時可能會緊張，因為你太多慮。他們疑惑你是否會記仇，是否在期望他們為一些通常不必感到抱歉的事情向你道歉。他們因此感到壓力，覺得必須採取某種行動才行，你們的交往可能就會陷於尷尬的狀況。

最後，在別人眼裡，你的過度道歉是以自己為中心思考事情，諷刺的是，其實你是為了照顧他人的情緒而有意表達歉意。

察覺你的道歉

有時候，要想挽留一段重要的關係，即使沒做錯什麼你也要道歉。如果你發覺自己總是向同一個人道歉，你需要仔細審視你們之間的關係。如果某些關係總是需要你「犯錯」，或是需要你放棄自我的需求和感覺來維繫，這些關係都是不健康的。

如果這是一段良好的關係，你很少需要為了挽留這段關係而道歉。你可以想想這樣做的利弊，即使認為自己沒錯，但你為道歉所付出的代價，比失去一段良好關係的代價要小很多。在這種情況下，你想道歉是因為在你心裡更重要的東西是——你們的關係。

學會在恰當的時候道歉，能夠提升你的自信心，提高對自己想法的察覺度，讓他人更能接納你，以及提高你對自我的認同。所以，察覺是首要的一步。你要觀察自己每隔多久時間就會毫無緣故地道歉，計算出你一天內無正當理由道歉的次數。你要注意，是否在某些情境下更容易道歉，或者更容易向某些類型的人道歉。因為有時候，你對自己行為的關注會影響自己做出不同的選擇。

接下來，你要思考說話時該採用什麼樣的言辭，而不是一句道歉的話。對他人經歷的評論可以換一種方式，例如「那一定很悲慘」，而不是「我感到抱歉」。

與自己價值觀一致的生活

你會覺得沒有充裕的時間思考如何有意義地生活、如何全力以赴投入到信仰中。從每天醒來的那一刻起，你就開始忙碌，幾乎沒有時間去思考你的生活與價值觀是否協調。終日都在完成一件又一件事，然後精疲力竭地癱倒在床上。

能夠過與自己價值觀一致的生活，有助於學會如何看待自己，減少自己的壓力。其實你如何看待自己是由你在生活中的言行舉止決定。當你過著一種與自己價值觀不符的生活時，通常會對生活不滿意，認為生活缺乏意義。你可能會憎恨自己的人生，因為現實生活與你真正的期望相去甚遠。如果你珍視家庭，可是你大部分時間都不在家，你肯定會感覺難受；如果你重視誠實，但自己卻在生活中的一些重大問題上撒謊，這會嚴重影響你對自我的認識。

許多高敏感情緒者不了解自己的價值觀。如果你不知道自己的價值觀，那麼想過與自己的價值觀一致的生活對你來說機率很小。儘管你可以輕而易舉辨別出怎樣的價值觀是正確的，例如注重誠實、重視家庭及服務他人，但是你很難認清哪些價值觀對你來說是最重要的。

仔細了解你的價值觀

在下面你認為對你重要的價值觀旁邊做記號。你的選擇不能超過十個。

接納和平等	成就	獨立	有所作為
冒險	美麗	思想開闊	隱私
團體	創造力	可靠	平安
紀律	家庭	服務他人	精神性
適應性	友誼	保障	團隊合作
趣味	慷慨	寬容	傳統
感恩	努力工作	真理和榮譽	財富
健康	助人為樂		

在你選擇的這十個選項裡，選出你認為更重要的五個，然後再減到三個，剩下的三個選項是否是你最重視的呢？如果不是的話，哪三個才是你最重視的？把它們寫下來。

1. __________

2. __________

3. __________

接下來的日子裡，思考一下如何改變日常作息，讓你的日常生活更契合你認為最重要的價值觀。想出至少兩件與你的價值觀相符合的事情。現在就思考你可以採取的行動，一定要具體詳細。如果你的價值觀中有一項是維繫友誼，你就要計畫打電話給朋友或邀請他們與你見面聚會，你要確保這些計畫是你能掌控的，例如你能確定自己會去邀請朋友，但你不能確定他們會不會接受邀請。

價值觀：__________

在這週裡，我能做什麼來讓自己過著與這種價值觀一致的生活？

1.

2.

3.

價值觀：

在這週裡，我能做什麼來讓自己過著與這種價值觀一致的生活？

1.

2.

3.

價值觀：

在這週裡，我能做什麼來讓自己過著與這種價值觀一致的生活？

1.

2. ____________________

3. ____________________

開始日期：____________________

現在寫下明天的日期作為你的開始日期，在即將到來的一週裡實踐你的價值觀。一週後，檢驗你是否依此實踐你的價值觀。一旦你已經做出改變，注意你的壓力變化，以及對自己和生活的看法。它們是否都有所提升？

重複這個練習，用不同的方式實踐你的價值觀，幫助自己過著與價值觀相符的生活。

練習自我認可

對於在強烈情緒下生活的人來說，自我認可非常關鍵，它有助於個體形成健康的人際關係，使生活蒸蒸日上。自我認可的意思是，從宏觀的角度或在你的生活環境中，你能夠承認並接納內在體驗和行為，並認為它們都是情有可原、有意義的。如果有人故意刮壞你的汽車，你會生氣，你很容易確認自己的憤怒源頭，因為任何人都會在這種情況下生氣；然而如果你是高敏感情緒者，可能會為一些別人不在意的事情難過。這種情況發生時，你可以接納自己的情緒，說「我是高敏感情緒的人，因此我對此事感到痛苦是情有可原的，儘管別人不會這麼覺得」。這樣的話，你就會放下對自己的批評。

認可自己有助於降低情緒的緊張程度。在你體驗到強烈的情緒時，認可自己能協助你接納自己，並學會信任你的內在體驗，因而使你有更強的自我認同感。

對自己的認可分成六個層級。你可以把這個層級理論運用到自我認可中。隨著練習的不斷升級，你會自動做到自我認可。

第一級：活在當下。活在當下意味著你能踏實地處在此時，不脫離、不壓制、不麻痺自己的情緒，專注自己的情緒和想法，聽從你的內在。當你做事時，要確定你是重要的，你的內在體驗很寶貴。你需要一位諮詢師來輔助你練習如何活在當下（見第四章）。

第二級：準確反省。承認自己的內在情緒狀態，觀察並思考你對它的描述，回想那個激起你情緒的事物或事情，好好反思你的身體感受情緒的方式。

在觀察、描述你的內在體驗時，不要做任何解釋、批評或者假設。你只要注意體驗到了什麼，以及圍繞它的事實真相就好。例如說「我感到生氣，這種感覺是在我的朋友取消了和我的午餐聚會之後開始的，我感覺到胃部收緊、臉上發熱。哦，我還有種恐懼感」。像這樣，你能明確說出自己的體驗，會讓你更加信任自己的內在感受及對自己的理解。

第三級：猜測。你有時候並不確定自己的感覺和想法。在這種情況下，你可能想說些什麼，例如：「如果其他人處在這個情境下，他們可能會感覺悲傷。我會悲傷嗎？」尋找你想要採取行動時的線索。例如，如果你想躲藏和掩飾，可能是因為你感覺到羞恥，也可能是因為你有一些不體面的想法。關注你的身體哪裡出現了感覺，想想這些感覺是否符合某一種特定的情緒。喉嚨的緊繃感，通常說明你感覺到了恐懼。如果你感到恐懼，你可能就會有一些恐怖的想法。基於已知訊息來推測你的情緒和想法，能幫助你更了解自己。

第四級：過去經歷的驗證。有時候，先前發生的事件會讓你產生情緒和想法。如果有人吵架就會讓你受到驚嚇，那是因為你過去經歷的爭吵給你造成傷害。在這種情況下，你可以確認：「我害怕有人吵架，我可以接受並理解此事，因為過去這個情境曾經讓我感受到危險。」這樣你就能發現，你過往的經歷在影響著你當下的反應。

第五級：正常化。有時候，有強烈情緒的人會認為自己的任何情緒反應都是不正常的。因此對你來說重要的是，你要確認你的感覺和任何人的感覺完全相同。如果你因為沒有得到你想要的工作感到悲傷，那麼別人又何嘗不是如此呢？問問你自己現在的感覺，是否和其他大部分人一樣，這樣你就可以辨認那些情緒了。

第六級：徹底的真誠。就自我認可而言，徹底的真誠意味著你要表現真正的自己，不要對自己撒謊，也不能假扮一個不真實的你。

本章總結

高敏感情緒者會有許多與認同相關的問題。慶幸的是，你在實踐本章的觀點時，已經開始讓自己的認同變得越加清晰和穩定了。既然你有更準確和穩固的自我認同感，以及管理情緒的技能，你就可以隨時關注如何構建和促進人際關係。當你的情緒受到困擾時，發展和維護人際關係將會帶來巨大的幫助。

第九章

忍受與戰勝孤獨

人際關係是人生快樂的泉源，它可以讓人生更有意義。如果你是高敏感情緒者，你的朋友和伴侶能夠在你深陷困境時（同樣，也在你需要為快樂慶祝時）陪伴在你左右，助你一臂之力；他們還能拓寬你對未來的視野，讓你透過他們的反應更加了解自己。

人際關係也同樣在很多方面有助於你管理自己的情緒：

- 傾聽別人對情緒體驗的描述，可以教你準確辨認自己的情緒，尤其當你從來沒有學過這個技能時。
- 了解其他人也會出現和你一樣的情緒（儘管他們的情緒可能沒有你那麼強烈），可以幫助你放下對自己的情緒批評。
- 你與他人分享你的快樂時，你的快樂會因此倍增；你與他人傾訴你的悲傷，你的悲傷會因此減半。
- 當你生氣或羞愧時，開誠布公地與你信任的人談論你的感覺，可以幫助緩解不良情緒。
- 從他人那裡學會如何解決問題，能讓你有信心勝任同樣的事。

- 如果有一個「密友」在你身邊，你能更容易克服對某些情境或初次體驗某些經歷的恐懼感。

從另一個方面看，人際關係裡也處處布滿地雷。然而不管你是否知道如何建構關係，是否掙扎於失衡的關係中，或是否已經放棄了某些關係，你的內心深處仍渴望著與他人的連接和歸屬感。

孤獨

許多高敏感情緒者容易反覆感受到強烈的孤獨。也許，平時在職場或學校裡與他人的交流，讓你不會感覺到孤獨，但是孤獨的感覺會在夜晚襲來。當你在家裡時，會希望自己能把今天的生活說給誰聽。週末，若沒有與人有約，你會感覺特別孤獨。如果你不能和朋友及伴侶一起共度假日或慶祝你的生日，你會覺得那是最痛苦的時候。也許你每天都是孤獨的。

為什麼不能只是「交個朋友」

解決孤獨的最簡單的辦法就是——交友。然而，當孤獨讓你焦慮時，試圖去結識他人的想法反而會讓你更加痛苦。別人勸你「只是交個朋友」，這看似容易的事情卻會使你對自己的不滿和懷疑加劇。

因為害怕被別人拒絕和評價，所以你經常會在結識他人時遇到困難。甚至是被陌生人拒絕，都會讓你傷透心。當你體驗到拒絕時，你大腦中被碰觸到的區域通常與你對身體疼痛的情緒反應區域是一樣的。實際上，那些你並不了解的他人想法，對你具有很強的殺傷力，尤其讓你心驚膽顫。或許你認為自己大錯特錯，基本上自己就是個不討喜的人，但其實這個缺點在別人身上也很常見。你不想讓自己冒著風險去體驗這種給你帶來痛苦的感覺，而且別人對你的迴避也證實了你的想法。你可能害怕自己會被視為一個古怪、被拋棄、或是一個麻煩的人——甚至是危險分子，因為你幾乎沒有朋友。

每個人都是孤獨的

孤獨會讓你認為：自己是這個世界上唯一一個會有這種感覺的人。其實，許多人都在承受著孤獨的折磨。雖然你會比別人更加頻繁地感受到孤獨之苦，但每個人都會感到孤獨。

進化論裡有一個相應的解釋：孤獨是一種平常的情緒，它促使你關注人際關係，人類歷史發展到現在，它一直是人類能夠生存下去的關鍵所在。如今，雖然身體健康已經不再是成為「部落」一員的必要條件，但事實是，擁有朋友和歸屬某個團體的感覺有利於我們的情緒健康。

長期的孤獨

長期孤獨的後果是值得關注的。如果你經常感到孤獨，生活中的困難就會更加嚴重，快樂就會變得少之甚少。如果你一直在奮力解決你的困難，那麼孤獨會大大增加你的苦惱。除了情緒的痛苦，長期的孤獨感會破壞你的專注力和注意力，導致未老先衰甚至死亡。

檢視你的孤獨

孤獨會讓人痛苦，人與人的關係也是如此——任何與朋友吵過架或分過手的人都明白這個道理。因此，你需要審慎思考如何面對孤獨。你可能會認為，與其讓友誼存在風險，還不如讓自己保持孤獨。在做出最好的選擇前，先問問自己，你決定不和人交往是出於恐懼，是害怕別人對你的批評，還是源自你真正的好惡。如果是出於恐懼，這樣的想法可能會阻礙你過著與自己價值觀一致的生活。因此，讓你能依據自己價值觀來生活的方式就是，採取行動與人建立關係（見第八章），你的情緒苦惱就可能會降低。

想想在你與他人結交的過程中，會遇到什麼阻礙。你的想法是否具有批判性，例如你認為自己不被人喜歡，或者你認為別人都會傷害你？假如有這種想法，你要記住，批評通常代表不準確、過度的概括。如果你容易接受不同的觀點，就會在生活中發現：很多事與你的想法相互矛盾其實很正常。例如，儘管人們會故意傷害你，但是那並不意味著你生活中的每一個人都會如此。很可能只有某些人曾經故意或無意傷害過你。你也要記住，我們身邊的人各式各樣，如果你認為某個人不是你的朋友，有可能另一人就是。如果在某人眼裡你不是他的好朋友，那你要記住，今後你也不需要一如既往地和他來往。

最後，你決定保持孤獨，是因為你決心要解決某項問題。如果你不具備交友的社會技能，那麼去上課或者和心理諮商師談一談，可能會對你有所幫助。如果你對日常的評論敏感，就要學會如何與朋友在交流中保持互相謙讓。如果你已經選擇與一位言語粗暴的人交往，那麼你可能需要學習如何挑選尊重你的人並與之為友。由於你沒有精力或者不夠關心自己，你可能不願意在友誼上下功夫，那就需要想辦法治療自己的憂鬱傾向。為了與人結交並建立友誼，你需要明白自己必須克服的問題，這樣就能明確知道自己是否已經準備好開始做這件事。

如果不願周旋於各種人際關係，你仍然可以去學習做到不要因為孤獨而批評自己，以及學會建立其他有意義的人際關係，把你體驗到的孤獨感降到最低。

停止批評你的孤獨

當孤獨的時候，你可能會有些批判性的想法，例如：「我沒有任何朋友可以一起出去玩，我是一個失敗者。」從第六章知道，用這種方式批判自己，會增添情緒不適感，讓自己更難處理棘手的境遇。放下這樣的批判雖然不會消滅你所有的孤獨感，但還是會有顯著的幫助。接納你的孤獨，就是接受事實。孤獨只是生活中的一部分而已，就像你院子裡總有一小撮長得不夠濃密的草。儘管你希望你的草坪長得茂盛濃密，但是一小片的稀疏並不代表你不能擁有一座迷人美麗的院子。同樣的道理，有孤獨的感覺並不代表你無法擁有一個滿意的人生。你可以專注於其他能夠提升生活的方式，像是我們下面將要談到的內容。如果你不接納真實存在的孤獨感，不致力改變它，那麼你就會繼續受到孤獨的折磨。

用其他方式體驗與他人的連結感

你可以透過參加你喜歡的活動來保持與生活的連結，這和從事園藝、閱讀或散步一樣簡單易行，但要盡量專注去做（見第四章）。當你能夠完全投入一種活動中時，就會產生出歸屬感以及與團體的連結感。如果你發現自己的思想在四處游移，或者在做批評（像是「我是一個失敗者」、「這將不會有任何不同」），這樣的情況很正常，你只要簡單地將自己的注意力轉向正在做的事情就好。此外，你還要關注你在做事時身體的感覺。例如，你在做園藝工作，那麼就要完全專注於你觸摸土壤時的感覺、聞著各種氣味的感覺以及體會微風拂面時的感覺。你越專注於活動本身，就越能放下更多的批判性想法，也能感受更多快樂，最終得到更加豐厚的回報。

你需要將自己沉浸在創造性的活動中，做任何可以發揮你創造力的事：繪畫、寫作、烹飪、拍照、裝飾家居、演奏樂器、插花或者在美術館消磨時間。與藝術的連接能夠讓你感覺自己更加朝氣蓬勃，完全融入到整個世界中。

有些人透過獻身於事業，或是為他人提供幫助來體驗與別人的連結感。你的事業可能與你的工作相關，例如你可能想要消除世界上的飢餓問題，或者想要致力於人權事業的發展。找到一種你可以參與的方式來改變自己（小心你的極端思想在一開始妨礙行動，像是「這個議題太大了」。所以，一個小小的改變就足夠），你也可以透過網上的志願者工作來幫助他人，而不需要離開自己的家。

孤獨並不意味著需要孤立自己，你依然可以參與這個世界。如果你有朋友或伴侶，可以考慮做些你願意並可以獨立完成的事情。你可能會害怕自己獨自吃飯或看電影，但是你會發現，時間一長你就更容易做到這些事了。正如第一章裡所談到，高敏感情緒者通常會認為他們是透過大自然與這個世界產生連結的人。因此，去公園、湖邊或植物園裡走走，會對你有很大的幫助。

學習歷史也是一種與過去產生連結的方式。你可以在旅遊時去一些名勝古蹟。例如，走過埃及豔后克麗奧佩脫拉曾走過的路，或者參觀早年美國殖民地的遺跡，這都能加強你歸屬人類的感覺。你也可以透過了解自己家族的歷史及族譜，讓自己與家庭的祖輩及近幾代長輩建立更親密的連結。了解自己的祖先也可以幫助你更了解你自己。

你可以專注於精神追求。不論你信仰什麼，在與更高階的能量保持聯繫時，你能體會到一種精神撫慰感。對更偉大意義的感知，會使你產生一種與世界的相連感。

寵物也不失為一個很好的陪伴者，你可以養一隻貓或狗，可以志願去照顧收容所裡的動物，或者幫牠們找寄養家庭。

你可以考慮找一個筆友，寫信給一個生活在異國他鄉的人。這種方式既安全且有趣，能讓你與他人建立連繫。

當你在回顧這些建議時，你會發現，你對它們並不是非常在意。你真正想要的是擁有許多可以接納你、愛你並且不傷害你的朋友。你可能不明白，像是與筆友建立一段關係這樣的事，如何影響你的孤獨感並對你有所幫助。你要時刻小心極端的思考方式，像是「這永遠都沒有用」。即使按照書裡提供的建議去做，你的孤獨感也不會徹底消滅，但還是有些幫助的。你可以嘗試全力使用其中一種方法，並觀察自己的改變，然後再換另一種方法。如果你仍然希望花更多的時間與人深交，那麼可以參加一些課程、讀書會或者其他團體活動，這些活動能夠讓你在有安全感的前提下，有條不紊地開始行動。

隨時準備與他人建立關係

如果你已經決定與人建立關係，就需要打開你的內心，讓別人能隨時與你交流。這就意味著：只有接近別人，你才能有機會與人交往。

用電子產品來經營人際關係

現今人們透過電視、電腦和智慧手機，就能夠部分滿足自己對歸屬感及友誼的需求。一個你最愛的電視節目或者網路遊戲，可以暫時排解你的孤獨之苦，但卻不會帶給你長期的積極作用。假如你想透過科技舒緩孤獨的痛苦感，那你就會缺乏動力，不想再去尋求可以面對面交流的機會。因此，當你有內在情緒的需求時，你的生活中就無人能陪伴左右。

電視節目、手機上的遊戲及其他形式的娛樂，應該能被作為人際交往的更好工具。如果某個電視節目裡的流行話題是關於職場，那你可以加入這個話題的討論；或者，你可以邀請別人和你一起觀看這個節目。要利用電視讓自己積極參與人際交往，而不是把電視當作迴避或者代替人際關係的工具。

當你身邊有人時，要放下手中的電子產品，盡量專注於當下，用心關注其他人都在做什麼和說什麼，而不是只關注自己，對身邊的人保持好奇心。你要記住放下批判（見第六章）和努力接納別人本來的樣子。如果你不習慣待在他人身旁，一開始你或許會感覺到壓力和緊張，但是一段時間後，你會習慣這一切。

放鬆地與人結交

儘管你已經孤立自己，或者害怕與人共處一室，但是要知道，做好社交的準備是成功的重要一步。你沒必要一開始就在一個你期望融入的團體裡發展人際關係。你可以一步一步採取行動，例如坐在圖書館裡、在一個購物商場或者別的公共場所裡四處走走，只是讓自己身處人群中。這個做法可以降低你的焦慮感，為日後與人交往做好準備。

在你焦慮的時候，是不容易與人建立關係的。因為你的大腦高度警惕，你會變得緊張而不知所措，於是就不能表現出輕鬆隨和的樣子。下面的練習能夠幫助你，讓你在與人見面時保持放鬆的狀態。

安然承受焦慮

想像你正外出，你的社交焦慮狀態一下子從中級升到高級，不過就是去雜貨店買個東西，或者參加一個小型聚會而已。你要允許自己在這個情境下體驗自己的焦慮感，不要轉移注意力或安撫自己。你需要關注那些會增加你恐懼感、讓你苦惱的想法。雖然你的焦慮感一開始會上升，但是幾分鐘後，你的焦慮感就會趨於平穩然後開始下降。一段時間後，或者一旦你注意到你的焦慮感大大減少時，就可以實行在第二章介紹過的漸進式放鬆或呼吸練習，這可以幫助你進一步減少身體的緊張度。你可以在不同日子裡的不同時間做這個練習，直到你的焦慮變得不那麼強烈。

你可以去公園、圖書館或者其他不容易讓你感到焦慮的地方，但這些人少的地方還是會讓你保持適度的焦慮。你可能想要選擇一個繁忙人多的時段去這些地方。再次重申，你要任由自己的焦慮水平上升，並讓自己停留在那種感覺中，不要假裝你身在別處、想著別的事情或者忽視自己的焦慮做其他事情。一段時間後，或在你的焦慮感已經顯著降低後，可以實行第二章介紹的漸進式放鬆或呼吸練習，或者使用其他方法來進一步減少你的焦慮。你要不斷重複這個練習，直到你對這個情境只感覺到適度的焦慮為止。隨著時間的推移，你將發現，自己不再因為身邊有人而感到那麼緊張了。

這個練習頗具挑戰性。如果你能諮詢一個擅長暴露療法的心理諮商師，這個練習可能對你會更有幫助。

練習待人友好

一旦在他人面前你的情緒不再失控，就可以開始經營友誼了。你的身體語言與你的口頭語言同樣重要，因此要多注意你的儀態。如果遇見某個人讓你很高興，你的臉部表情卻顯示你被嚇到，那麼這個人就不會再相信你的話了。

你可以在鏡子裡觀察自己。首先，想像與人共處一室時的害怕念頭，並同時觀察自己的臉。然後想著一個你真正喜歡的人或一個你想去的地方。在鏡子前一直做這個練習，直到你的身體與表情變得放鬆。這時候，在別人眼裡，你看起來越容易接近，別人就越會積極給你回應。

你也可以去一個你熟悉且開放的公共場所。你要抬起你的臉，邊走邊保持微笑。記著你在家練習時的體態，要與你看到的成年人點頭，並簡單打招呼，像是你可以說：「今天真是美好的一天，不是嗎？」

當你對人微笑並打招呼時，你不再感覺到不安，就可以再嘗試去一個你不是很熟悉的地方，或者更加私密的場所做這個練習，例如一家小商店。在此之後，你就可以去任何地方做這個練習了。

每當你發覺自己有些想要脫離當下時，不管那時是與伴侶在一起，還是和一群人在一起，就只需要簡單地打個招呼或者笑一下即可。

如何與人建立關係？

我們有很多方式與人建立聯繫，包括學會禮尚往來、簡單地聊天及重拾舊友。然而在你能夠做以上任何事情之前，你可能需要先克服「喜歡孤立自己」的這個問題。

面對面的志願工作

如果你之前是獨善其身的人，面對面的工作不失為一個好方法，能讓你從自己的驅殼中走出來。你可以幫助小孩子或者需要幫助的人，住家附近的醫院可能會有一些志工工作，或是一些庇護所、弱勢團體，這樣的機構都需要義工的幫助。你的奉獻能幫到一些成年人，例如住在養老院的人或是流浪漢。如果你活動範圍附近有教堂或做禮拜的地方，也可能有機會接觸並幫助到需要幫助的人。

當你幫助他人時，就更容易與人建立關係。你幫助的人或者同為志工的人，不太會像那些你隨意結識的人輕易拒絕或傷害你。儘管這不是你的最終目標，但這是能讓你擁有更多朋友的重要一步，也是你練習如何學會接受的一個契機。例如接受感謝、誇獎及其他感激的表現方式，同樣可以練習學會給予、禮尚往來。

提高禮尚往來的基本技巧

關係往往是透過禮尚往來建立的，尤其在一開始，接受多少餽贈，就要給予他人同等的回饋。如果你只扮演「接受者」或「給予者」的角色，都會讓你內心空虛孤獨，無法發展健康的人際關係。

如果你是一個「接受者」

如果你總是接受別人的餽贈，在與他人的互動中，你就會太過於關注你自己的感覺和體驗。朋友們自然而然地分享彼此的經歷、互相傾聽及安慰時，你可能比大多數人更需要幫助。你可能會依賴你的伴侶幫你調節情緒，或者幫你管理情緒，但這只會讓他們感覺更加不適。事實上，你可能不知道該如何停止索取。

當你在人際關係中索取太多，通常是因為你很難管理自己的情緒，以及極度渴望減少自己的痛苦。「向別人尋求幫助」或許是你學會的唯一讓自己情緒轉好、控制情緒及解決問題的方式。如果是這樣的話，那麼你可以考慮與心理諮詢師談一談，他能幫助你學會新的處理方式。也可以使用第二章與第五章裡討論的技能。

如果你是一個「給予者」

如果你是一個「給予者」，就像許多高敏感情緒者，你會覺得接受他人的幫助或禮物讓你感到不安，而同時，你是以消耗自己的能量為代價讓他人快樂。你會發現，在與他人互動時感到情緒疲乏，因為你一直在考慮如何幫助他人、取悅他人或者為其解決問題。你甚至對你的家人和朋友都難以啟齒說「不」，結果他們更像是你的負累而不是精神支柱。你擔憂別人的情緒，你們的關係能夠繼續完全有賴於你是否能讓他們快樂。同時，你又怨恨他人，因為他們看起來一直無視你的需要和感受。

給予別人太多時，你會感到孤獨、空虛。為了創造一些平衡，你要留下一些時間給自己及你想做的事。如果發現不知道自己該做什麼，可以去上瑜伽課、預約美甲、參加寫作或藝術類課程、加入讀書會，試看看什麼活動可以讓自己快樂。你也可以將精力放在「接受他人對你的付出與幫助」，讓某個人輔助你完成一份工作報告，和你一起烘焙餅乾，或者幫助你照顧一位生病的親戚。

學會閒聊

對高敏感情緒者來說，閒聊看起來似乎毫無意義。你可能經常困惑，有些人總是不厭其煩討論天氣或新聞。然而，當你和一位新認識的朋友第一次見面喝咖啡時，如果直接討論私人的事情，新朋友有可能會覺得侷促不安，或者想要離開。閒聊是人與人交流的開始，它可以讓彼此感覺舒服，並願意進行更深入、更私人的交流。簡單的閒聊也是你接受別人、讓別人知道你重視他們的一種方式，同時你們可以藉此深入了解彼此是否有共同的興趣愛好。因此，如果你願意，做個深呼吸，努力克服一時的不適感，那麼簡單的閒聊能夠幫助你看到：誰是你們之間互動的主導者，以及如何進行更有意義的互動。

掌握談話的節奏

與人交往時，談話的速度和風格非常重要。關於私人訊息，如果說的太多或太少，暴露的太多或不夠，都會讓你在交友的道路上處處碰壁。

聊天時，有些人能夠不停歇地聊上數小時，而有些人經常不知該說什麼，只會用簡短的詞句回應。有效的交談，甚至是閒聊，都是相互的。你可以用三個到五個句子傳達你的訊息或者提出問題，然後停下來等對方回覆。

如果你是個寡言的人，那就仔細傾聽別人的談話。即使談論的主題不是你感興趣的，你也要問些問題，或做些評論。要表現出對對方的喜好充滿好奇，而不只是關注共同的喜好。如果你們的交談是關於發表見解，你可以表達與其相反的意見，但仍然要承認和表示你也欣賞對方的觀點。記住要練習不批評對方的觀點和喜好。

許多友誼都是在大家共同參與的活動中建立起來。與人結交時，要練習提出自己感興趣的話題，而且一開始就直接談論你的興趣愛好，即使剛開始會有些不適，但練習可以讓你放鬆心情。在和他人閒聊時，可以談論像是電影、烹飪、體育、寵物、書籍、志工或者任何你喜歡做的事，你要讓你們之間的談話內容盡量一致，並且彼此都輕鬆愉快。

與此同時，你要知道如果暴露太多隱私，會打亂談話和建立關係的節奏。過度的分享會讓對方感覺不舒服，例如你告訴對方，剛剛自己對某個人火冒三丈，因為那天稍早你經歷了一次糟糕的工作審查。你可能會認為，在自己經歷強烈情緒時，和別人談論其他事情，這個做法是在「欺騙」對方，是不對的。如果想讓自己正常發展一段新的關係，請你練習第二、四、五和七章裡管理情緒的技能。

記住你的目的，你是要創造長期互惠互利的人際關係。你要關注的是這個目標，而不是某一時刻的煩惱。

重建與人的關係：重新考慮過去的關係

如果你是高敏感情緒者，很容易因為與他人之間的衝突而放棄一段關係。如果事後因為失去這段寶貴的關係後悔了，那就努力重新建立聯繫。

打電話給一位很久沒有聯繫的朋友，你會緊張和尷尬，甚至覺得拿起電話是件困難的事。你會想像朋友對你抱有負面想法，因為你忽視他，讓他傷心不已。你這是在自找被朋友拒絕的機會，讓對方不願和你重修舊好。除此之外，你的正義感也會讓你止步不前。你不懂為何是你為了修復關係而努力，尤其當你認為，對方才是要為這段關係結束負責的人。你需要充分詳盡地思考一下，該做些什麼來檢驗你們重新開始的可能性，這或許可以幫助你對此事堅持到底。

只是打電話可能是最無效的辦法，這種方式甚至無法讓你說出真正的想法，而且會讓彼此尷尬，因為不知道對方的意圖或者該說些什麼。相反的，表達你的感受和表現出想要重新建立關係，讓對方來回應你，這種方式則有效得多。可以寄卡片表達你對對方的想念，並且說明你想如何解決這段關係裡的問題，包括送上附有道歉信的禮物，或者打電話祝福對方度過一個開心的假期和生日。

如果對方有回應你，那你至少可以簡要談論彼此之間出現裂縫的緣由。儘管一種強烈的正義感會誘使你指出對方的錯誤，但是你只要說出自身的錯誤即可。對方可能不會為自己的問題向你道歉，但並不意味著你們的關係無法挽回。只要你願意，在任何長期的關係中，一些錯誤和障礙都能隨時間順其自然地消失。

維繫良好的人際關係

能夠一直維繫下去的人際關係，都需要雙方有意識地投入時間、交流、精力和耐心。學會說「不」和管理「被拒絕」的敏感程度，是能夠長期有效維繫關係的關鍵所在。

說「不」

你很難對別人說「不」；你太頻繁地說「不」；你說「不」的時候太過於膽怯，別人都沒有聽到；你說「不」的時候太刺耳，別人以為你在生氣；你會有諸多理由拒絕要求或邀請；或者你會為沒有答應別人的過分要求而道歉。上面任何一種情況都會給一段關係帶來尷尬和緊張。

如果你不是很確定是否要接受還是拒絕，那就把所有的利弊寫下來。然後根據你認為重要的權衡一下，這能幫助你看清問題。

儘管在大部分時間裡，你很清楚自己的決定，但你的情緒讓自己很難下決心。如果是這種情況，第七章裡討論過的一些觀點或許有所幫助。

你很難說「不」，可能是因為對這個詞有其他的聯想。你可能認為，說「不」是對他人的拒絕，代表著你缺乏對別人的關心，或者是一種強權行為。你害怕因為自己說了「不」，別人會棄你而去。

有時候你不敢說「不」，或許是因為想要維繫自己的形象，例如你的超人形象，或希望能夠滿足別人所有的需要和要求，又或是你希望自己在別人眼裡是一個善良、願意不惜一切代價幫助他人的人。如果能夠覺察到你說「不」的後果，就能提高拒絕技巧。

要明確地說「不」

當你說「不」的時候，要說得清楚，語氣要果斷堅決。在運用目光交流的同時，保持聲音堅定。你的委婉表達，會讓你說出的「不」字不夠堅決，因此要仔細挑選使用的言辭。例如「我本來不想打擾你」可能引導出「沒問題」的回應，這就很難用一個明確的「不」字來回應。大多數的情況是，你更希望他人能夠直接表達拒絕，這也是我們與人說話最有效的方式。

你要在說「不」時保持微笑。冗長的解釋會讓交流陷入尷尬的境地，「不，那個對我沒用」或者「不，我不會做那件事」，這樣的表述簡單直接且有效，尤其是當這句話說出來的時候，帶有一種關切的意味。

每當你糾結於如何回應他人的請求時，可以要求對方給予你一些思考的時間。這樣能讓你平復情緒，更加仔細審慎思考你的回答。如果處在緊張的情緒中，可能會做出「只是為了減少自己不安情緒」的回應、一個事後會後悔的回應。

說「不」是一種選擇

你要記住，對某人的拒絕，不能衡量對某個人的喜好程度，你只是單純表達不喜歡做什麼而已。

當你想說「不」的時候，那是一種尊重自己的選擇和目標的方式，自尊會讓你對生活心滿意足。時間不會倒流，所以不要將時間花費在一些心不甘情不願的活動上，而且這也會滋長你怨恨及其他情緒。

讓他人知曉並期待你的變化

開始訓練自己說「不」的一段時間，你會比平時更加頻繁地說「不」，家人和朋友可能會有些消極反應，因為他們已經習慣你總是認同他們的想法，他們可能會說「你以前比較好」，無法理解你發生了什麼事，這會讓你覺得心灰意冷。如果發生這樣的事，你要記住，他們的反應是針對你與人互動模式的改變，而不是針對你說「不」這件事。如果你能事先告知朋友和家人，你在努力學會說「不」，那就有助於減輕這樣的誤解，讓他們也能給予支持。

接受別人對你說「不」

你會有許多機會練習接受他人對你說「不」。可能在好幾個星期裡，你總聽到別人說「不」。像是你面試結果沒被錄取；朋友拒絕了你的邀約；想買的房子的被屋主回絕了你的報價；另一半不同意你與牌友在家打牌。

有些拒絕聽起來更加讓人難以承受。每當你感到脆弱不堪，想要請求某人時，一聽到別人說「不」，就感到傷心、失望、恥辱、尷尬或者憤怒。甚至當你請求他人做的事情只是小事時，你也會感受到強烈的情緒。

有一個最讓你感覺困難的情境就是，接受你愛的人對你說「不」。你可能認為，如果某個人愛你，他就應該答應你所有要求，只要你的要求是合情合理的。有時候你害怕，如果你的伴侶對你的一個簡單要求說了「不」，就可能會對你認為重要的事情說不，或者你就此認為對方不愛你。擔驚受怕和傷心欲絕的心情可能會讓你認為「這是最後一次有所請求了」，然後你就在你與伴侶之間築起了一道憤怒之牆。

如果是你的老闆或者商業夥伴對你說「不」，你會認為自己不夠好或自己是一個失敗者。你也會對那個對你說「不」的人很生氣，認為對方很自私，或性格裡肯定有一些其他的消極特徵。

有時候，當你聽到另一半對你說「不」時，會感到受傷、不公平，因為你從來很少向他提出請求，因此，你會覺得他應該答應你的請求。在這種情況下，你要意識到他對你說「不」，只是對你的問題和需求做出回應，不是批評你提出的請求。

極端思考會讓你相信：只有得到想要的東西，你的人生才能快樂，而且這是你獲得快樂的唯一方式。有時候，你覺得特別絕望，想要控制他人，並要他人對你的請求讓步。你可能會做出某種威脅行為或在憤怒中退避三舍。你可能認為，只要別人理解你請求的意義，他們就會允諾你，或只要他們足夠愛你就會滿足你的要求。

用消極的態度回應那個對你說「不」的人，其實是在限制他人選擇的自由。說「不」的人只是在回答你，他們是否決定要做此事。就像你的妻子沒有聽見你問：「你愛我嗎？」卻聽到了你問：「你想要和我一起去看看我母親嗎？」他會認為，你的請求不可以作為衡量他對你態度好壞的依據。當你的反應似乎在表明他們對你說「不」就是在拒絕你時，別人對你說話時就會謹慎小心。他們可能會迴避你的問題，找各種藉口或變得不夠坦誠。當這種情況發生時，你們關係中的一部分親密感就不復存在了。

有時候，你聽到別人對你說「不」會很難過，那是因為你要求對方做的事對你的幸福至關重要，又或是在要求對方做一件你自己不願意做的事情。如果是這樣的話，學習並致力於學會接受別人說「不」，對你和他人來說都是件好事。例如，你可能頻繁地請求家人幫你取消你和朋友的午餐聚會，但是當家人說「不」時，你會感到難過，然而取消聚會是你自己應該做的事。

加強對「拒絕」的耐受性

如果你是高敏感情緒者，在被人拒絕時會表現得異常脆弱。你可能會難以管理自己的情緒反應，不僅在「真的」被拒絕時，也在「只是感覺」自己被拒絕時，甚至只是期待被拒絕時。你會經常根據他人的行為就認定自己不被重視或需要，卻不去管你的想法是否和對方一樣。如果有人表示不能分享你的好惡，你會認為對方不想與你結交。如果有人婉言謝絕了你想與他喝咖啡的邀請，或是約會遲到，你會認為對方並不珍惜你們的友誼。你們的關係猶如雲霄飛車，每當你感覺不被人接納時，就會傷心、憤怒以及掉頭離開。只有在感覺被接納後，你才會回頭。這個循環往復的過程著實讓人覺得痛苦，它也使別人對你感到困惑，認為你太難應付了。然而，有些辦法可以幫助你緩解這種痛苦。

首先，你要察覺是如何被這種拒絕的敏感度影響。如果你認為自己對拒絕很敏感，那就要在你努力維繫的這段關係裡記住這個問題。其次，你要多與他人交流並參與其他活動，因為退縮或獨善其身都會使自己更缺乏歸屬感，並將此視為他人對你的拒絕。最後，無論何時你覺得被拒絕了，都要督促自己對此事進行仔細、透徹地思考：

1. 專注於你的反應。讓自己的情緒暫時停頓，在回應拒絕你的人之前，先好好平復情緒。
2. 思考別人拒絕你的其他原因。還有什麼原因導致對方這樣做呢？至少想出三個理由。要結合對方的現實生活加以考量。一位帶著三個小孩的媽媽是沒有時間和你在電話裡聊天的，不管她多想和你說話。
3. 如果可能，平靜詢問對方的意圖。

做正確的事 vs. 做有效的事

在一段關係中，通常有兩種選擇：選擇去證明你所做的事或所做的選擇是正確的，不然就是選擇去做有效率的事情，加強你們之間的關係。你很容易陷入贏或是輸的兩極思考框架裡，尤其是當你具有強烈的正義感時。你會過於在意自己觀點的正確性，而忘記贏得一場爭論卻會傷了你與對方的感情，這是多麼的得不償失。可能你從來不會堅持己見，生怕會傷到對方的感情，所以以為沒人願意傾聽你的想法。任何一種極端想法對你們的關係都百害而無一益。

你可能認為，如果能證明自己是對的，對方就不會因為沒能爭論勝過你而感到難過了。假使是這樣，回想一下以前你和他人各執己見時，你以犧牲兩個人的情感關係為代價來證明自己是正確的。很可能你的正確立場並沒有幫助對方的情緒變得更舒暢。儘管你沒有做錯什麼，但是你仍然是拿彼此之間的關係冒險，甚至可能會失去你們的友誼。潔西卡的故事正說明了這點：過於執著自己的正確立場會毀掉一段關係。

當潔西卡聽到她的丈夫提出離婚時，感到非常震驚，她不知道丈夫其實很不快樂。事後才明白，他們關係的破裂並不是某一件嚴重的事情所導致，而只是一些小事情。潔西卡的丈夫抱怨，她總是要求凡事都要正確。在他們和朋友一起外出時，當她丈夫對朋友講起他們旅行的故事，她頻繁地糾正丈夫的小錯誤，想幫他把故事說得更加精確。雖然她的目的不是嫌棄他，但是她丈夫覺得被頻繁糾正是件很丟臉的事。因此，他越來越不喜歡有她在身邊。潔西卡喜歡對一些小細節吹毛求疵的習慣，最終毀了這場婚姻。

執著於凡事都要正確並不是謀求互惠互利關係的最好方法。如果你想讓事情變得更有成效，就要知道做什麼才是有益的，這樣才能推動你更接近自己的目標。如果潔西卡想加強和丈夫的關係，那她的行為是無效的。

要在人際關係中做有效的事情，就需要考慮別人的想法。例如當你和兄弟姐妹分遺產時，如果你的目標是維繫和兄弟姐妹的關係，就必須考慮他們每個人的想法，即使他們的想法有違公平的原則。簡單地將遺產按照你認為的公平原則進行分配，但你的兄弟姐妹並不認同，那麼你的做法毫無意義。

在決定選擇做正確的事還是做有效的事時，必須要了解現實處境。你堅持認為做保姆所掙的錢不應該屬於應納稅額，但這種想法對國稅局來說沒什麼意義；你固執地認為，兒子打了某個奚落他的人，但是他不應該被罰款，這種想法對解決問題也無濟於事。如果你一定要分清所有事情的公平與不公平性，你的決定可能也不會對你有利。像是申請一所大學時，新生被要求在錄取前要完成學校指定的作業，你認為學校的做法對新生來說不太公平，因此你拒絕完成作業。雖然你堅持認為自己是對的，但結果是你沒有被錄取，除非你不想上大學，否則這個選擇並不是一個有效的選擇。

務必記住，你對許多事情會有強烈的感受，例如你的宗教信仰和政治觀點，這些想法因人而異。高敏感情緒者是非常容易動容的，容易忽視他們表達觀點時的態度，無形中就給他們的人際關係帶來傷害。如果你想與他人建立牢不可破的關係，你需要接受那些你並不認同的想法和觀點。當你向某個人表達不同的觀點時，儘量不要帶有批判的口吻。要在別人的觀點裡尋找事實真相，尊重對方認知事情的方式，平靜溫和地與人交流想法。

擔憂會損害人際關係

高敏感情緒者是世界上一流的擔憂者。你可能認為，擔憂是你在表達對他人的愛與關心，但擔憂也在損害你的人際關係。

擔憂會耗盡幸福

當你的另一半告訴你一個好消息時，你的擔憂會給他興奮的心情潑上一盆冷水。通常好消息意味著改變和冒險，你會因此擔驚受怕。

想像妳的女兒告訴你，她被夢想的大學錄取了。妳卻私下希望她沒有被錄取，因為這所大學太遠，她本可以上一所當地的好學校。妳咬著唇不自然地說：「那太棒了，恭喜妳。」沒過多久，在你還沒來得及皺眉時，妳又說：「如果妳去那裡上學，就不能經常回家了。」妳本來不是要削減她的激動心情，只是想讓她考慮學校離家遠帶來的問題，妳不情願讓她離開家。她可能會這樣回應妳：「媽，妳難道就不能為我感到高興嗎？就這一次？」

擔憂是對他人缺乏信心的表現

儘管你不是有意為之，但是對某人表達你的擔憂時（故意或是無意地，例如透過非語言行為），就是在表示你對對方的選擇和能力缺乏信心。你的擔憂也說明，你不認為自己的朋友或家人有能力做到他們想做的事情，或者你認為他們正在做一個不明智的決定。

擔憂讓你逃避快樂

有時候愛擔憂的人害怕自己快樂。你會認為，如果你允許自己快樂，有些事情就會發生，並掠走你快樂的心情，畢竟與一開始無快樂可言相比，失去快樂的感覺會讓你更加傷心。所以當有一件事能給你帶來快樂時，你會自動尋找一些方式讓這件事看起來並不愉快，有時候甚至你沒有意識到，你也會替別人這樣做。例如當你的朋友遇到什麼好事時，你會提醒他，要他多注意這件事變糟的跡象。

儘管從現實的角度來看，你在做每一件事時，不僅考慮了所處情境的有利之處，也考慮可能出現的困難，但是如果你不去享受生活中那些積極美好的事物，就不能完全體會到人生的幸福。也就是說，一個人的歸屬感裡，包括你與他人一起慶祝生活中的快樂。

擔憂會影響別人對待你的方式

當你頻繁地表達擔憂時，別人或許會認為，你是一個無法應付生活的人。你的朋友和家人可能會說「不要告訴他，他只會為此擔憂」。他們很少讓你參與一些事情，因為他們認為你是一個愛煩惱的人。如果他人不願聽你說話，或者很多事都對你守口如瓶，你就會感覺自己被排斥，你們之間的關係就會被削弱。

當別人對你隱瞞事情時，一開始你就會煩惱：他們對你隱藏了什麼祕密。你的反應會讓這個過程循環重複地進行，同時，別人依然會認為你無法應對各種困難的事情。

不讓自己過分擔憂

你會困惑：別人會如何回應你這種凡事都要擔心的行為。如果別人看似並不欣賞你對他人的各種關心，或者你已經注意到，你的擔憂正在讓身邊的人遠離你，就需要使用下面的一些建議，儘量減少你的焦慮不安。

你需要找到一些方式來幫助你更容易察覺自己對焦慮情緒的表達。例如，請別人幫你指出你的焦慮行為，或者計算出你在一天裡說過的各種擔憂的句子。焦慮已然成為你生活中的一個習慣，以致於自己沒有意識到，你是多麼經常表達焦慮情緒。

當你注意到自己在表達擔憂時，思考一下你是否有自己的立場，臉上是否有特別的表情，或者說話時是否用特殊的口吻。你需要了解自己是如何習慣性表達擔憂情緒，這能幫助你在當下察覺自己的變化。如果你注意到，在表達擔憂時會緊張，那就練習讓自己的臉部表情變得放鬆些，保持平穩的說話語氣，深呼吸來放鬆你的身體。

如果你需要說出你對他人的擔憂，那麼時機點的選擇尤為重要。如果某個人接收到了一個好消息，或者剛剛做了一個重大的決定，你首先應該為對方感到高興或激動。如果情況不緊迫，你可以過些時間再提出你的擔憂。你要先評估擔憂的原因，是否有一個合理的理由、是否是你自己的情緒導致了你對此事的擔憂？如果不是依據事實就對他人的決定存有想法，那麼你就可以使用第二章裡討論過的技巧管理你的情緒。

發展更深入的關係

發展親密關係需要打開自己的內心，不設防地接受他人的一切以及專注地與他人交流。當你與他人的關係越深入，你遭受痛苦情緒的風險就越高，但你得到的收穫也會更多。即使你在社交網站上擁有成千上百的「朋友」，那些都不如有個可以陪你一起看電影的朋友，有個定期與你見面喝咖啡的朋友，有個關注你的痛苦和成功、並在你生病或需要幫助時給你依靠的朋友。

信任

如果你是高敏感情緒者，可能已經學會了如何感知他人的想法，並把自己變成別人希望你成為的樣子。扮演某個角色是件讓人精疲力竭的事，當你竭力想要扮演別人眼裡的你時，你就不可能與人建立真正的關係。因此，與人發展關係的一個重要步驟就是要認清自我認同（見第八章），及讓別人看到真實的你。

你需要敞開心扉去連結人際關係，以健康的方式與人分享你的想法、好惡、價值觀、優缺點。這就意味著，你漸漸卸下自己的防備，在自己和對方之間建立信任感。在維繫你們關係的過程中，對方開始表現誠信之前，你需要保護自己不去過多分享個人隱私，並尊重你所重視的東西，長此以往，對方就能對你以誠相待。你要記住，如果過度保護自己，你們的關係是不會深入發展。

為了保障你們的關係能夠順利發展，你要關注對方是如何對你坦誠相待，也要在慢慢了解對方的同時，讓對方更了解你。每當你過快或過度敞開自己時，你可能會感覺很不自在。甚至對自己說「我是否不該這麼快對他說那麼多」，這可能是你的本能在保護自己，讓你意識到，你不能在彼此關係還沒做好進一步發展的準備前，就卸下所有的防備。

你會在沒有充分打開自己的內心時，感覺到內在有種力量正輕輕推動你。你可能注意到你們彼此之間的分享是不平衡的，對方會抱怨對你的了解甚少。這個時候，你要思考對方分享給你的一切，從而與對方分享你的一切。

接受別人的本性

當你身處一段關係之中，要能偶爾接受一些傷害。甚至在最好的關係中，都會有人做出你不欣賞的決定，說出讓你難過的話。在大部分情況下，他們並不是故意要讓你痛苦。如果你能判斷出你的朋友不是刻意要傷害你，就能更輕易處理好這些狀況，或者能放下這些不悅讓關係持續下去。

你需要好好享受和朋友之間的互動，不要讓對方的一些選擇攪和你們的關係。像是你和一個朋友見面吃晚餐，但是你並不喜歡對方選的餐廳，感覺有些生氣。因為太過於關注自己的惱怒情緒、乏味的食物、餐廳的噪音等，你無法好好地享受那個晚上，你開始指責朋友。如果你感覺到了自己的惱怒，那又會怎樣呢？此時你問問自己什麼更重要：是維持和加強你們之間的關係，還是抱怨對方選擇的餐廳呢？其實你可以使用我們前面篇章裡的一些策略來管理你的惱怒情緒。

對你來說重要的是：你不僅要知道如何對重要之事表達你的關切，也要放下生活中的小煩惱。你要記住，在與人交流前需要先平復情緒，並把你們的關係擺在第一位。謹慎選擇你的言辭，避開極端的用詞，像是「總是」、「從不」，儘量用輕鬆簡單的方式向對方傳達你的關切之心。這可是你的最佳機會，讓他人傾聽並理解你，使你們的談話氣氛更具建設性。

本章總結

歸屬感，是一個人生活的基本需求，如同人對食物和住所的需求一樣。當你感覺自己有歸屬，並且相信自己能夠維持親密關係時，就能看到生活的價值，並能應對那些會帶來強烈痛苦情緒的事情。

如果你是高敏感情緒者，會很容易對別人的錯誤、缺陷及無意識的怠慢有快速且強烈的反應。如果你想維持與他人的關係，就要心甘情願接受一個事實：你們的關係可能會變得一敗塗地，畢竟人非完人。若想要改變與別人的互動方式，你需要付出更多的努力、時間，不斷訓練，以及接納他人無意識的怠慢。運用本章的觀點，你可以更有效地管理情緒，發掘自己的歸屬感，以及創造出更深入、更令你滿意的人際關係。

高敏感情緒自救手冊（二版）：如何避免感情用事？怎樣掌控自己不被情緒淹沒？

The Emotionally Sensitive Person: Finding Peace When Your Emotions Overwhelm You

作　　者　卡魯恩．霍爾（Karyn D. Hall）
譯　　者　李恩寧
責任編輯　夏于翔
協力編輯　黃暐婷
內頁構成　李秀菊
封面美術　兒日

發 行 人　蘇拾平
總 編 輯　蘇拾平
副總編輯　王辰元
資深主編　夏于翔
主　　編　李明瑾
業務發行　王綬晨、邱紹溢、劉文雅
行　　銷　廖倚萱
出　　版　日出出版
地址：231030新北市新店區北新路三段207-3號5樓
電話：02-8913-1005　傳真：02-8913-1056
網址：www.sunrisepress.com.tw
E-mail信箱：sunrisepress@andbooks.com.tw

發　　行　大雁出版基地
地址：231030新北市新店區北新路三段207-3號5樓
電話：02-8913-1005　傳真：02-8913-1056
讀者服務信箱：andbooks@andbooks.com.tw
劃撥帳號：19983379　戶名：大雁文化事業股份有限公司

印　　刷　中原造像股份有限公司
二版一刷　2024年7月
定　　價　450元
I S B N　978-626-7460-72-6

國家圖書館出版品預行編目（CIP）資料

高敏感情緒自救手冊：如何避免感情用事？怎樣掌控自己不被情緒淹沒？／卡魯恩．霍爾(Karyn D. Hall)著；李恩寧譯. -- 二版. -- 新北市：日出出版：大雁出版基地發行, 2024.07
272面；15×21公分
譯自：The emotionally sensitive person : finding peace when your emotions overwhelm you.
ISBN 978-626-7460-72-6（平裝）
1.情緒管理　2.認知治療法
178.8　　113008919